Réenchanter la ville

COLLECTION *CARNETS DE VILLE*

dirigée par Pierre Gras

DÉJÀ PARUS

Serge Mouraret, *Berlin, carnets d'amour et de haine*

Pierre Gras, *Mémoires de villes*

Suzana Moreira, *São Paulo, violence et passions*

Jacques de Courson, *Brésil des villes*

Pierre Gras, *Ports et déports*

Jean-Paul Blais, *À la Bastille...*

Muriel Pernin et Hervé Pernin, *Transsibériennes*

Nelly Bouveret, *Mékong dérives*

Thierry Paquot, *L'Inde, côté villes*

Collectif, *Villes, voyages, voyageurs*

Pierre Gras, *Suite romaine*

Baudouin Massart, *Un été à Belfast*

Daniel Pelligra, *Quai du soleil ; Lyon, port d'attaches*

Bérengère Morucci, *Alamar, un quartier cubain*

COLLECTION *CARNETS DE VILLE*

Jean Hurstel

Réenchanter la ville

Voyage dans dix villes culturelles européennes

L'Harmattan
5-7, rue de l'École-Polytechnique ; 75005 Paris
FRANCE

L'Harmattan Hongrie
Könyvesbolt
Kossuth L. u. 14-16
1053 Budapest

Espace L'Harmattan Kinshasa
Fac..des Sc. Sociales, Pol. et
Adm. ; BP243, KIN XI
Université de Kinshasa – RDC

L'Harmattan Italia
Via Degli Artisti, 15
10124 Torino
ITALIE

L'Harmattan Burkina Faso
1200 logements villa 96
12B2260
Ouagadougou 12

www.librairieharmattan.com
harmattan1@wanadoo.fr
diffusion.harmattan@wanadoo.fr

ISBN : 2-296-00326-5
EAN : 9782296003262

PROLOGUE

Itinéraires frontaliers

Enfants, nous allions, les dimanches d'été, en vélo au bord du Rhin. Enchantement premier d'un paysage rêvé. Nous suivions du regard les lourdes péniches remontant le fleuve à contre-courant depuis Rotterdam, et déjà nous rêvions de ports, d'océans, de troquets à matelots. Nous tentions d'apercevoir sur l'autre rive les ombres mouvantes et colorées des personnages appelés « les Allemands ».

Et de paisibles promeneurs endimanchés nous apparaissaient comme de véritables guerriers. Impossible de traverser le fleuve, il était trop large, le courant trop fort, les tourbillons meurtriers. Nous ne disposions ni de passeports ni de cartes d'identité. Alors, comment atteindre l'autre rive, aller vers cet « ailleurs » hors d'atteinte, à la fois fascinant et menaçant ? Oui, l'autre rive étrangère nous paraissait plus belle, plus fascinante, plus étrangère que celle que nous longions semaine après semaine. Le franchissement des frontières a occupé toute une vie. En réalité, il est infini.

Frontière première : le monde ouvrier

À la sortie de l'école supérieure d'art dramatique de Strasbourg (au TNS), nous étions tous hantés par l'inaccessible public populaire. Vilar l'enchanteur, comme par magie, rassemblait les ouvriers, les employés des comités d'entreprises. Marche après marche, ils descendaient ravis, en attente, le grand escalier du TNP à Chaillot. L'image nous foudroyait, nous qui, dans les tournées des petites villes de l'Est de la France, n'arrivions qu'à réunir les enseignants, les notaires et les pharmaciens. Comment franchir la frontière qui nous séparait de ce public tant désiré, tant rêvé, tant attendu ? Les courants contraires sont redoutables dans ces passages délicats, mais après bien des échecs, je réussis à aborder le comité de l'usine Alsthom de Belfort et à entreprendre avec un groupe d'ouvriers une création théâtrale bâtie avec ceux qui avaient connu 1936 ou qui avaient manifesté en 1968. « *36-68* » fut comme la première étape d'une longue exploration frontalière des us, coutumes, modes de vie, représentations, valeurs du monde ouvrier, en sa radicale altérité, mais aussi dans sa capacité d'imaginer un autre monde possible.

À Montbéliard-sur-Peugeot, tout entier dévolu au lion (Peugeot), sa cage (le quartier ouvrier), ses ailes (les habitants), titre d'un projet vidéo réalisé avec Armand Gatti, ce fut la lente pérégrination qui, des paroles échangées, mène à la production artistique partagée. Combiner et associer idées, formes, sens, pour rendre sa dignité première au mot travail, au mot atelier. Travail avec ses difficultés, ses reculs, ses échecs et quelquefois l'étincelle, l'inspiration, le souffle qui, brusquement, vous transporte sur l'autre rive si longtemps rêvée. Faire vibrer toute une ville par l'imagination de ses habitants, déployée à travers un carnaval mené par la figure géante du « père Zup ». Le réenchantement d'une ville ouvrière grise, pluvieuse, faisait éclater les ceintures, les ligatures, les habits trop étroits pour manifester une formidable force de vie.

Frontière seconde : la nation

À la frontière franco-allemande, en Lorraine, aux confins du dernier bassin houiller en exploitation en France, entre Forbach et Merlebach, au tournant des années 80, il fallut reprendre la question restée sans réponse : c'est quoi, au juste, une frontière ? Le premier mineur rencontré l'avait bien annoncé dans son dialecte germanique natal. Ceux de Bonn (à l'époque) savent qu'ils sont Allemands, ceux de Paris qu'ils sont Français. Et nous, là, à la frontière, qui sommes-nous ? Il avait ajouté : « *Mon grand-père a combattu dans l'armée allemande en 1914-18. Le 10 novembre, il avait perdu la guerre; le 11, il l'avait gagnée. Mon père a été enrôlé dans l'armée française en 1939. En 1940, il a été fait prisonnier par les Allemands; en 1943, il a été enrôlé de force dans l'armée allemande, puis fait prisonnier par les Américains en 1945. Ici, on peut commencer la guerre d'un côté ou de l'autre, on la finit toujours sous l'uniforme du prisonnier.* » Il fallut donc reprendre le fil de la souffrance, renouer les fils du temps, en nous servant de pauvres reliques arrachées au passé, des photos sorties des cartons à chaussures et des récits pour reconstituer les photodrames joués. Car après tout, comme le dit Loyer, « *la frontière, c'est du temps accumulé dans l'espace* ». La mémoire, la chronique frontalière comme travail de deuil.

Frontière tierce : la frontière urbaine

Strasbourg. Une si belle ville, vitrine patrimoniale, capitale européenne, consacrant un quart de son budget à la culture, munie de tous les atours, de l'opéra aux huit musées, de l'orchestre philharmonique aux six théâtres, sans compter le festival de musique contemporaine. Que pouvait-il bien lui manquer ? Ah, elle ne possédait pas encore cet emblème de la modernité culturelle, le « *nouveau territoire de l'art* ». Alors, au tournant des années 90, elle porta son choix sur l'ancienne laiterie centrale, abandonnée et dévastée. Sans grands moyens, j'y installe un chantier de rénovation de six ans, pour accueillir les vingt-cinq troupes indépendantes de la ville et lancer un programme de développement culturel des quartiers. Car, à la Saint-Sylvestre, Strasbourg bat les records de voitures brûlées. Dans cette ville, il fallait à la fois franchir les frontières des quartiers périphériques et celles du Front national en ses multiples défroques et résultats électoraux. Une affiche haineuse représentant une Alsacienne en costume folklorique, visage barré d'un voile islamique, a donné naissance à une pièce théâtrale élaborée avec les habitants du faubourg : « *Nous autres* » fut jouée dans les caves d'immeubles. Ce fut un long travail, une formidable traversée de la science contemporaine avec Armand Gatti et quatre-vingt jeunes « loulous » de la ville. Ce fut enfin un travail intense et acharné de reconnaissance des cultures dites « étrangères » à travers l'activité du Théâtre des Lisières (du monde); trente lisières, de l'Iran à l'Autriche, de l'Algérie à Haïti, d'Israélo-Arabe à masculin-féminin ou enseignant-enseigné, qui permirent à chaque fois d'interroger une frontière. En 2001, la nouvelle municipalité de droite ferma définitivement la frontière.

Passer les frontières : Banlieues d'Europe, banlieues du monde

À mesure que les frontières tentent de s'effacer en Europe, la ville contemporaine apparaît comme lieu frontalier majeur. La ville-frontière décrite par les sociologues et urbanistes serait dorénavant (et à jamais) « multipolaire et fragmentée ». Les villes seraient « en miettes », « alvéolaires », des villes « mosaïques », des villes « archipels », « éclatées », des villes qui, en somme, ne seraient plus des villes réelles, mais « virtuelles », des traces de villes, dont seul le nom pourrait encore, à la rigueur, témoigner d'une improbable unité, d'une existence passée. Les classes moyennes avec femmes et enfants prendraient la clé des champs vers les verts pâturages « rurbains ». Les bourgeois s'enfermeraient à double tour derrière leurs grillages, leurs portes blindées, et les caméras de surveillance des *gathered communities* privées à l'américaine. Les pauvres, eux, seraient assignés à résidence dans les faubourgs et dans les territoires du bannissement, les banlieues. C'est précisément la banlieue qui apparaît comme le point nodal qui cristallise toutes les peurs et rejets de la ville, relayée par les grandes orgues médiatiques qui propagent une vision catastrophique de « l'enfer concentrationnaire urbain ». Les « sauvageons » de nos quartiers périphériques s'affronteraient en permanence en bandes armées dans les « territoires de non-droit », alors que les voitures seraient incendiées à longueur d'année. Nous serions en réalité entraînés dans une « guerre civile » larvée, menée par des « terroristes communautaristes », pour ne pas dire « islamistes »; c'est bien connu, « *il faut nettoyer ces quartiers au Karcher* ». Enfin, quand la « pacification » n'a pas obtenu les résultats escomptés, on dynamite les blocs et les tours « insalubres », dans tous les sens du terme. « L'axe du mal » urbain est ainsi tout trouvé, désigné : la banlieue. L'ennemi traditionnel s'est déplacé des frontières et des périphéries nationales vers les périphéries urbaines.

Désormais, ce n'est plus la « ligne bleue des Vosges » qui cristallise la peur, la haine de l'étranger, mais le quartier populaire périphérique qui rassemble le plus grand nombre d'immigrés, de chômeurs, de familles nombreuses ou monoparentales, de jeunes.

Et pourtant, il faut franchir cette « nouvelle frontière » à la fois symbolique, imaginaire et quelquefois réelle. La création de « Banlieues d'Europe », réseau d'interventions artistiques créé en 1990, est une tentative de réponse contradictoire à cet acharnement destructeur : sortir des frontières nationales pour aborder une autre vision, une autre action dans la ville. Il nous a fallu bien des années pour fédérer des projets menés avec ferveur et ténacité par des artistes de métier avec les populations les plus démunies des villes européennes. Au terme de quinze années de travail, avons-nous réussi à imposer cette action urbaine spécifique ? En tout cas, avons-nous pu formuler un questionnement commun à travers les projets de quinze pays européens, un centre de ressources, un journal et de multiples rencontres sur tout le continent.

Ce livre ne prétend pas théoriser ce sublime ravissement, cet irrésistible émerveillement propre à enchanter ou à réenchanter la ville, mais montrer, à travers des exemples et des témoignages issus de dix villes européennes, une autre approche, plus conviviale, plus solidaire et surtout plus imaginative de la ville contemporaine. En imaginant une forme, une fiction, des sons, des images, on recrée son monde, on recrée le monde dans lequel on vit. Recréer, réélaborer, réaménager l'ensemble des valeurs, représentations et traditions dans lesquelles on est pris ou assigné à vie. Enfin, contre tous les discours de haine et de peur, ces quelques modestes actions démontrent qu'une autre dimension de la ville est possible. Comme Montaigne le disait déjà, « *les voyageurs cherchent toujours les grandes villes, qui sont une espèce de patrie commune à tous les étrangers* ».

La majorité de la population mondiale vit en ville. Les voyageurs de la mondialisation, comme les exclus des mutations économiques et sociales, rêvent tous d'une « patrie commune ». Mais comment refaire ville, recréer de l'urbanité, (re)construire une cité imaginaire au-delà de la cité réelle, sinon en franchissant les redoutables frontières qui déchirent la cité contemporaine ?

Il ne suffit plus de briller par la promotion d'une image publicitaire idyllique dans les médias, en cherchant à concurrencer d'autres villes. Il ne suffit plus de construire des « œuvres architecturales » majeures ; les symboles ne conviennent plus. Il ne suffit plus de programmer des événements culturels prestigieux ; les budgets ne le permettent plus.

C'est un puissant mouvement interne, une participation massive des habitants à une construction-action, projet commun qui peut faciliter à nouveau le bonheur d'être en ville, de « faire ville » à nouveau. L'Europe devrait être la « patrie commune » de tous les étrangers (que nous sommes) et la culture devenir la circulation sanguine, l'influx nerveux de cette vaste cité à construire.

Quant à l'explorateur de ces terres culturelles inconnues, il revendique une seule position, celle du guetteur, posté aux lisières de cette ville européenne à construire, toujours attentif à ne pas assimiler et réduire l'altérité des projets évoqués. Chaque démarche est une réponse singulière à une situation nationale, à un paysage urbain particulier, à un temps donné, et surtout chaque projet doit se lire dans les plis et replis d'un désir individuel, dans les méandres d'une histoire personnelle, celle d'un sujet confronté à sa ville et à son monde singulier. La tentative de tracer les contours de ces projets n'est ni globalisante ni totalisante. Elle n'embrasse jamais l'ensemble des activités artistiques d'une ville. Elle signale seulement des projets qui, dans un décor urbain particulier, tentent de redonner force et sens à la cité. Des projets qui font battre au même rythme l'imagination artistique et la participation des habitants, battements d'ailes légers d'une ville qui refuse l'enfermement « *des gens de peu, des gens de rien* ». La division, l'exclusion, la grande peur de l'étranger, l'immense crainte de l'avenir. Notre seul souhait, c'est que la faible lumière de ces projets éclaire davantage les obscurités complexes de la cité contemporaine.

Déjà se profile une dernière frontière. Je guette à nouveau, sur l'autre rive, une ombre mouvante, un personnage fantomatique, appelé « le lecteur ». Comment franchir le fleuve des signes, des mots, des idées qui nous séparent ? Je n'ai toujours pas de passeport pour ce voyage-là. La rive étrangère restera-t-elle inaccessible ?

Vienne

LA NOUVELLE JEUNESSE D'UNE VIEILLE PRINCESSE

Vous avez beau faire, résister de toutes vos forces, dès que vous êtes descendus du train à Wien West Bahnhof, dès que vous avez posé le pied sur le quai dans une aube mordorée, parcourue de petits nuages café au lait, vous ressentez au creux des reins la puissante pulsion, l'extrême fascination du sortilège viennois. Irrésistiblement, il attire vos pas vers le vieux centre historique, impérial, muséal, ses étroites ruelles hantées par tant de célèbres fantômes, tant de personnages de romans et de pièces de théâtre, alors que se superposent, s'entremêlent autant de partitions musicales que d'airs d'opéra, que vous n'avez plus qu'une obsession, voir à tout prix, contempler églises baroques, cathédrales, palais, accomplissant enfin cet intense rituel d'évocation des grands ancêtres qui, depuis l'adolescence, peuplent votre esprit. Vienne n'est donc plus une ville, mais une pile historique, qui attire tous les atomes (en grec *atomos* signifie personnes) vers le noyau central. Comment résister à cette pulsion patrimoniale, à cette terrible force d'attraction architecturale, à cette immersion brutale dans le passé, pour tenter de saisir au plus proche le jeune visage de la vieille courtisane, d'un fard touristique un peu trop épais, trop bien ordonné ? Une seule solution éprouvée : fuir, traverser le *Ring* et le boulevard de ceinture, et à mesure que vous avancez vers la périphérie, vous défaire des lourds oripeaux de la courtisane, délacer ses imposants corsets baroques, déboutonner ses fanfreluches touristiques et enfin dévoiler une ville dans sa jeunesse début de siècle pour faire la pige à cet esprit fin de siècle qui hante si fort notre vision de la ville.

« *Le cœur de Vienne bat à Ottakring* », m'affirme le garçon de café ensommeillé en posant un imposant moka accompagné d'un énorme morceau de *strudel* sur la table recouverte d'une nappe à carreaux. Mais où est Ottakring ? Où se trouve le cœur de l'autre Vienne, qui ne figure dans aucun guide touristique ? Il sourit et me demande si je suis courageux. Alors, dit-il, « *vous prenez le tram 48 qui part de la Volksbühne (le théâtre populaire) et vous descendez à la Brunnengasse ; c'est au-delà du* Ring *et même au-delà du* Gürtel, *le périphérique viennois. C'est seulement à quelques minutes en tram, mais vous verrez, vous changez de monde, vous changez de siècle. C'est la belle couverture multicolore de la ville, c'est là que j'habite.* »

Je m'arrache donc du centre-ville dans un vieux tram bringuebalant, et à mesure que je me détache d'elle, la ville offre un autre visage, ou plutôt d'autres visages : ceux d'un vieux Turc qui tient sa canne d'une main et de l'autre étale *Hurryet*; celle d'un punk, une cannette de bière à la main, qui me récite Baudelaire dès qu'il apprend que je suis Français ; deux ménagères aux cheveux violets qui s'entretiennent violemment des prochaines élections européennes ; alors que défilent les *döner* et les magasins de téléphone à bas prix pour le Pakistan, la Yougoslavie, la Turquie, et que les restaurants exotiques se multiplient. En quelques minutes, j'ai changé de ville, j'ai changé de continent : ce sont bien là le fil et la trame qui tissent, jour après jour, la « couverture multicolore de la cité » dont me parlait le garçon de café.

Je parcours la Brunnengasse, paisible rue viennoise à son début et qui, peu à peu, se transforme en un immense marché à ciel ouvert, entouré de chaque côté de restaurants austro-pakistanais – car on y mange aussi bien le *Wienerschnitzel* (l'escalope viennoise) que le riz basmati – ou turco-autrichiens, blé concassé et *Wiener Topf*, entre les stands de pyramides de primeurs qui luisent au pâle soleil de mai, les bazars orientaux et les magasins d'électroménager qui soldent les paraboles en vue du prochain Eurofoot.

Mais, brusquement, un objet insolite attire le regard. Une installation d'art contemporain, d'un rouge flamboyant, plantée dans une ancienne mercerie, entre un magasin de tissus égyptien et un café pakistanais. Bizarre. À quelques pas de là, sur le même trottoir, je tombe sur une galerie exposant de grandes vues colorées et sophistiquées de femmes en robes de soirée, entre un marchand de légumes slovaque et un étalage de montres en solde. Encore plus bizarre. Au milieu de la rue, un étrange édifice attire le regard. Une terrasse à deux niveaux, très design, qui propose des soupes « aux légumes du monde entier », reliée à une galerie attirante où les deux jeunes patrons éclatent d'un rire tonitruant lorsque je les regarde un peu surpris. Curieux mélange, bousculant les références spatiales bien établies qui édictent que tout objet d'art se place normalement dans une galerie, un musée, en tout cas un quartier prévu à cet effet, entouré d'autres galeries. Le prestige doit s'afficher, se lire immédiatement dans un environnement choisi. Au lieu de quoi il se situe dans cette rue entre fruits, légumes et charcuterie Hallal. Plus j'avance dans la Brunnengasse, moins je comprends. Ce n'est qu'en débouchant sur la Yppernplatz, large, ensoleillée, bordée de terrasses, dans le café-club Internet tenu par deux blonds aux yeux bleus, l'un Turc, l'autre Autrichien, alors qu'un groupe compact de femmes turques pianote sur des ordinateurs, que je trouve la solution de l'énigme de la Brunnengasse. Elle est toute simple et évidente dans la bouche de Ula Schneider, la responsable du Festival Soho à Ottakring : la chambre de commerce et d'industrie et la Ville de Vienne, dans le cadre d'un vaste programme de régénération urbaine du quartier, ont décidé d'attribuer les magasins délaissés et les ateliers abandonnés à des artistes de la ville. Des dizaines d'entre eux ont profité de l'aubaine et, en quelques années, Ottakring est devenu un village d'artistes, un pôle de développement artistique, transformant par son rayonnement l'image dégradée d'un ghetto immigré en un fervent et surprenant terrain d'aventures artistique. Marginaux de tous les pays, de toutes les normes sociales établies, groupez-vous et demain, l'art sera le genre humain ! Saisissant résultat d'une minuscule décision commerciale et politique : transformer réellement un environnement urbain. Et alors, répondez-vous, bien des villes en Europe ont entrepris une démarche semblable, avec le résultat que les Anglais ont codifié sous le terme de « gentrification ». Vous prenez un quartier « pourri » d'une quelconque métropole européenne, où « quartier pourri » signifie, dans le langage des élites, un quartier populaire, aux loyers modestes, mais dont l'habitat s'est dégradé faute d'entretien. Les artistes fauchés s'établissent dans le quartier, suivis peu de temps après par les galeries d'art à la recherche de nouveaux talents. Mais ces gens-là, Monsieur, ne se couchent pas avec les poules, ils débattent des nuits entières. Il leur faut des cafés, des boîtes de jazz, où ils peuvent refaire le monde sans gêner le voisinage. Déjà, les cafés branchés et les restaurants à la page voisinent avec les galeries. Alors, Monsieur, ce quartier « pourri » devient peu à peu un quartier « chic », un quartier exotique, où il est bon d'avoir un pied-à-terre si l'on veut être à la page, faire partie de la « gentry ». On rénove alors l'habitat insalubre, avec tous les ingrédients du confort moderne, ADSL compris. Les loyers ont déjà vertigineusement grimpé, et ceux qui ne peuvent suivre déménagent sans faire de bruit, honteux tout de même d'être si pauvres, de n'être pas à la hauteur, d'être délaissés, rejetés. Mais après tout, c'est la loi du marché, ils n'avaient qu'à être riches, jeunes et branchés, et pas salariés au SMIC, avec leur mobilier kitsch et leur biche au clair de lune accrochée au mur.

Une fatalité urbaine rejetée à Ottakring. Pourquoi le quartier est-il resté ce qu'il a été de tout temps, un quartier populaire, irrigué à présent par les innombrables ruisseaux de l'immigration étrangère ? La réponse, je la lis dans les yeux de Ula Schneider, avec la chaleureuse amabilité qui accueille l'étranger que je suis, mais avec cette résolution sereine, cette volonté sans faille, cette détermination farouche de maintenir la conjonction entre une démarche artistique vivante et une relation constante avec les associations et les habitants du quartier. Rare, très rare, une artiste plasticienne d'art visuel, *Soho im Ottakring*, qui n'est ni schizophrène ni figée dans la seule démarche esthétique, dans la seule posture élitiste, avec ce sens du partage qui déborde à tout moment dans le récit d'une aventure artistique singulière traversant le quartier et sa propre vie.

Voilà donc qu'en 1999, à son retour d'un exil aux États-Unis – à Washington pour être précis –, elle décide de lier brin par brin sa démarche d'artiste solitaire, pour en faire gerbe collective : mobiliser les galeries de Vienne pour présenter leurs artistes dans les locaux vides du quartier. Ce fut si excitant, si exotique, si fascinant pour tous de rencontrer des artistes dans un quartier ayant une si mauvaise réputation ! Le grand frisson de l'étrange démarche ne dure qu'un temps. Car c'est bien cette réflexion permanente sans la moindre concession, cet esprit critique, qui désigne le projet mené dans cette périphérie viennoise. Car, là comme partout ailleurs, c'est le cercle des initiés, qui jamais ne s'agrandit, le petit milieu culturel viennois, qui envahit Ottakring le jour dit.

Contestation, débat et critiques se répandirent parmi les participants. Oui, vraiment, comment faire participer les habitants à une manifestation artistique se déroulant dans leur quartier ? Pas de faux-fuyants révolutionnaires, de grands discours sur la « révolution globale », mais une approche modeste des associations locales et des partenaires industriels. Puisque les habitants boudent la manifestation, les artistes viendront à eux, s'empareront de tous les espaces interstitiels, grâce à la complicité de la Chambre de commerce et d'industrie de Vienne, et vivront quotidiennement les heurs et malheurs des habitants. Des dizaines d'artistes entreprennent le grand voyage et se retrouvent confrontés à la même question : quelle destinée commune, quelle action solidaire pouvons-nous mener ? Quel langage pouvons-nous partager, nous qui sommes les rejetons des dernières avancées de l'art contemporain post-moderne, avec des vendeurs de fruits et légumes venus entre autres des hauts plateaux d'Anatolie ?

Apparemment, la coupure est totale, le dialogue impossible. Apparemment seulement, car la vie commune quotidienne laisse apparaître d'autres horizons, un subtil système d'échange de biens et de services. Tu me peins mon enseigne et je te fournis en œufs et en patates pendant un mois; tu me fais la photo de mariage et je t'aide à installer ton chauffage... La marche discrète des systèmes de solidarité des quartiers populaires qui crée ces mystérieuses affinités, et quelquefois de rares amitiés, au-delà des abîmes culturels qui les séparent. Autrement dit, la greffe prend peu à peu et se ramifie en dizaines d'initiatives nouvelles. Mais le rigoureux esprit critique, tellement ancré dans la tradition autrichienne, intervient toujours et ne se laisse pas tromper par le succès apparent d'une manifestation. Autour de la table commune, chacun analyse à nouveau et se remet à l'ouvrage.

En 2002, le constat est fait que les actions sont trop dispersées. Risque de perte d'unité, de sens. Après d'harassantes délibérations, on élabore une thématique commune. Un thème s'impose face à la puanteur xénophobe répandue par Jörg Haider et ses partisans : « *Flüchtig Daheim* ». Difficilement traduisible dans un français rationnel. C'est, mot à mot, « fugitif chez soi ». Par association, le fugitif est aussi un réfugié. *Daheim* est chargé d'une lourde connotation, d'être chez soi, à la maison, à son aise, se réfugier chez soi, en somme. Ce concept fuyant peut signifier la problématique née de l'afflux de réfugiés en Autriche, dénoncé par l'extrême-droite, et suggérer en même temps que le chez-soi protecteur n'est qu'une apparence trompeuse, un refuge bien fragile. S'en suivent de multiples actions qui essaiment dans les écoles, les centres de jeunes, les amicales immigrées, où l'on dépasse de plus en plus la notion d'exposition pour engager des démarches où les habitants sont associés à des performances humoristiques ou à des installations délirantes.

Des architectes dessinent du mobilier de salles de bain, un photographe propose une « usine à rêves » dans laquelle on peut se faire tirer le portrait avec ses fantasmes les plus débridés. Une coiffeuse – ou est-ce une ménagère recluse ? – se présente couronnée, magnifiée par une immense robe blanche, le corps barré par une écharpe dorée sur laquelle est écrit « Miss Monde ». Un employé de banque timide, ou peut-être un comptable, ou encore un vendeur de caleçons, avec ses grosses lunettes de myope en écaille et son veston croisé gris et anonyme, se rêve en homme politique important, car il est photographié sur une tribune, alors que vingt micros se tendent vers lui. Deux jeunes Turcs ont des rêves plus machos, plus cinématographiques aussi, et présentent leur torse velu, deux tronçonneuses à la main. Que veulent-ils tronçonner ainsi ?

Le thème « *Welt Sichten* » réunit l'année suivante plus de cinquante artistes engagés dans des actions, des performances ludiques et critiques, plutôt que de simples monstrations d'œuvres réalisées dans le secret des ateliers. Ce thème présente les mêmes difficultés de traduction que le titre précédent. Dans sa première appréhension, il signifie « Vues du Monde ». Mais, dans son acceptation seconde, « *sichten* » veut également dire « passer au crible, examiner, trier, répertorier ». Et c'est effectivement un monde artistique, dans sa démarche à la fois complexe et contemporaine, qui envahit les ruelles du quartier. D'innombrables tentatives pour « faire monde », pour examiner d'un œil critique, caustique, les dérives du monde actuel. Je vais tenter de les « *sichten* », de les répertorier à l'aide d'une carte du quartier.

Attention, attachez vos ceintures et préparez vos mouchoirs, nous allons visiter le quartier comme vous ne l'avez jamais vu et comme vous ne le verrez plus ! Des guides d'un tour-opérateur, vraiment trop professionnels pour être tout à fait honnêtes, vous embarquent dans une visite guidée inattendue d'appartements délabrés, de commerces secrets, de cafés dérobés. Et là, mesdames et messieurs, que voyez-vous sur la place du marché ? Oui, un immense stand où vous pourrez trouver plus de mille catalogues d'expositions du monde entier ! Arrêt, tout le monde descend au café de « *La lune bleue* » pour déguster une bière et participer obligatoirement à un débat organisé par un groupe d'artistes sur les couples mixtes. Oui, je sais, tous les couples sont mixtes, enfin pas tous, mais ici, mesdames et messieurs, c'est pire, imaginez un couple austro-pakistanais ! « *I love you, I love you too, and now?* » (je t'aime, moi aussi, et après ?) Ça ne vous concerne pas ? Menteurs ! Allez, la visite continue par la Payergasse, avec le stand Wetto où vous pourrez acquérir des armes pour une somme modique. Je sens que vous allez protester ! Mais il s'agit d'armes artistiques et vous ne pourrez les acquérir qu'après avoir longuement débattu de la dissémination des armes à feu dans le monde. *And now, mesdames et messieurs*, nous nous rendons à la Yppernplatz, descendre dans l'antre mystérieux d'un photographe dont je tairai le nom. Dans cette cave, mesdames et messieurs, des photos, j'ose à peine vous l'annoncer, enfin, comme il n'y a pas de mineurs avec nous, j'ose quand même vous annoncer que vous verrez des photos et diapositives projetées par cet huluberlu pornographique – « *le temps, l'argent, le temps, c'est de l'argent* ».

Enfin, sortons vite à la lumière du jour, dans le magasin de fleurs de la Brunnengasse où Kathi Ofer vous rafraîchira en vous présentant un cours ludique de langue turque, qu'elle a conçu spécialement à votre intention. Dans ce quartier, ça peut toujours servir. Vous savez maintenant suffisamment de turc pour m'accompagner à Gaulachergasse visiter une exposition de photos réalisée par un groupe de réfugiés et de demandeurs d'asile avec l'aide d'un photographe professionnel. Silence, maintenant ! Ils vous parleront de la vie quotidienne d'un demandeur d'asile. Si vous discutez avec eux, c'est à vos risques et périls... Ne vous laissez pas entraîner, réagissez, allons à la Bretselgasse visiter l'atelier de lithographie pour enfants roms. C'est rafraîchissant de voir ces chers petits nous apporter l'image du vent, des nuages et des routes. Vous aussi, voulez dessiner, créer une œuvre d'art ? Pas de problème, rendez-vous à la Bergerplatz, où le *Techno Drawing Group* réalise des œuvres « interéactives » avec vous. Nous allons faire un détour par Abelegasse, où vous aurez le droit d'admirer la réalisation d'une façade peinte avec les jeunes du quartier, avant de vous rendre au salon de beauté très spécial, vraiment très spécial, le « *Beauty free* ». Dans ce salon, on ne transforme pas les visages, mais on transforme le regard que vous portez sur les autres visages. C'est pas du grand art, ça ? Mais je sens que vous êtes fatigués après ces onze stations, pourtant nous avions encore cent quatre-vingt-huit autres lieux et expériences à visiter... Mais, provisoirement, vous aurez droit au café de la Yppernplatz pour une démonstration de stylisme : un projet de coopération entre de jeunes stylistes de Vienne et les ateliers de couture pour femmes sourdes de Cuzco, au Pérou – débat obligatoire sur la fabrication de vêtements à prix réduits dans le tiers-monde. Vous protestez ? Attention, vous n'avez parcouru que douze lieux, projets et débats sur deux cents artistes présents. Douze expériences qui devraient affûter votre regard, favoriser l'examen critique du monde dans lequel nous vivons. Douze expériences qui associent habitants et artistes pour une vision plus large du monde actuel.

« *Ottakring, mesdames et messieurs, c'est un quartier, un tout petit quartier, mais c'est un quartier mondial !* »

Deux ans après, en 2005, une nouvelle salve de réflexions critiques. Moins d'activisme, pour tisser dans la durée la relation au quartier, des ateliers plus conséquents et surtout une plus forte intégration des agences d'urbanisme qui sont en train de remodeler le quartier. Dans ce projet, qui s'étend sur deux ans, apparaît la volonté affirmée de devenir un « *Public Art Project* » de dimension internationale, en ouvrant un forum permanent de réflexion sur les politiques sociales et culturelles à l'œuvre à Vienne.

Dans un ciel d'un bleu danubien, les traînées blanches des avions tissent d'indéchiffrables hiéroglyphes. Taches rouges des salades de tomate, jaune intense des grands bocks de bière, des petits drapeaux verts s'agitent au vent près du stand de saucisses. Un père fabrique un avion en papier pour son fils qui rit et s'agite dans sa poussette, tandis qu'un vieux Pakistanais boit du thé. La sereine ambiance d'une place ensoleillée, dans un quartier immigré de la périphérie. Je ne peux m'empêcher de penser aux Minguettes ou aux Mureaux. Ula Schneider murmure : « *Fragile, un équilibre très fragile. Comme toute construction, ce projet peut déraper à chaque instant. Nous n'avons que très peu de financements, même pas un bureau fixe. Nous ne voulons pas devenir une grosse institution, mais maintenir cette secrète vibration du processus de création, le flux créatif. Un* Work in Progress *permanent. Nous ne voulons pas non plus de posture révolutionnaire.* » Son œil se fait plus dur : « *Les grands discours ne mènent à rien. Nous voulons juste transformer concrètement, très modestement, notre environnement immédiat. Passer d'une situation initiale mauvaise à une autre un peu meilleure, avec notre regard et notre capacité d'artistes, reliée, magnifiée par la diversité des regards et des idées des habitants.* »

« *Einwohner Kein Auswohner* ». Des habitants, pas des habitants exclus. Fugitive approche d'un quartier singulier qui ne dit pas tout de cette agglomération d'un million deux cent mille habitants, mais qui, par sa « vibration secrète », annonce des lendemains moins tendus, moins violents. Moins de caméras sécuritaires, moins de présence policière, et davantage d'urbanité, de convivialité, d'hospitalité à travers ce terme majuscule qui ouvre et surmonte le quartier : le commerce. Commerce des marchandises, commerce des hommes, commerce des biens imaginaires et des démarches artistiques.

Un état de grâce, ce charme viennois, ce fertile et intime commerce avec l'Art qui se ramifie en de nouvelles approches, en fortes mobilisations artistiques, en figures « d'activistes artistiques », comme ils se désignent eux-mêmes. Je les croise à nouveau sur les rudes bancs de bois d'une terrasse en plein vent, dans la cour du quartier des musées. Oui, à Vienne les « activistes » font commerce, échangent avec les musées. Jawid, un réfugié afghan, et les deux promoteurs d'un projet vidéo, Eva Dertscher et Carlos Toledo, cinéaste et graphiste viennois, me dépeignent sévèrement cette « école de la deuxième chance » consacrée aux nouveaux médias et où ils mènent une approche singulière de l'art vidéo intitulée « Initiatives minorités ». Dans cette école menacée par les restrictions budgétaires se retrouvent les demandeurs d'asile, les chômeurs non diplômés ou simplement ceux qui veulent prendre un nouveau départ dans la vie, dans des groupes et des ateliers qui, progressivement, les mènent à la réalisation de petits films de quelques minutes à peine, en tout cas suffisants pour apprendre à lire et à écrire des images. Jawid, de l'autre côté de la table, sourit timidement puis, avec hésitation, me conte son premier film : *Wien Voanders*. « Vienne ailleurs », car Vienne est toujours ailleurs, et pour le moment en Afghanistan, dans les mille morceaux d'un pays brisé, mille réfugiés qui tentent désespérément de reprendre pied, de s'accrocher obstinément à la vie. Vendeurs de journaux à la criée, avec cette infinie patience, l'attente de papiers, du premier travail, de la moindre passerelle pour passer de « l'autre côté » et devenir citoyens autrichiens. Jawid n'a pu saisir dans ces camps à la périphérie de la ville qu'une suite ordonnée de plans fixes, d'arrêts sur image, comme pour mieux dessiner ces vies arrêtées, figées dans l'attente. Le film, présenté au festival « Graz Diagonal » et à Vienne, lui a permis de franchir le pas, de trouver un emploi dans une association viennoise, SOS Droits de l'Homme. Six films témoignent d'une chance accordée pour reprendre pied à travers une pédagogie de l'image vivante et pratique, et les techniques les plus contemporaines. Et que croyez-vous qu'il advint ? Là comme ailleurs, les ressources ont été coupées. Le projet s'est arrêté, condamné pour n'avoir pu rapporter de gros bénéfices électoraux ou de meilleures statistiques sociales.

Comme à Ottakring, les « activistes » de la scène artistique se mêlent de tout. Ils ne soignent pas seulement leur carrière, mais agissent avec cette effronterie critique propre à ceux qui n'ont pas la peur nouée au ventre. La montée de l'extrême-droite haidérienne n'est pas étrangère à cet engagement civique. Eux ne se contentent pas de campagnes de signatures, de séminaires et de déclarations tonitruantes, ils tentent d'agir concrètement dans la cité, dans leur environnement immédiat, avec cette conviction bien ancrée que leur action peut transformer la vie, la ville, mais sans aucune illusion non plus sur les limites, contraintes et les jugements négatifs qui réduisent leurs capacités d'action dans les quartiers, les écoles ou les camps de réfugiés.

Wochenklausur

Au départ, j'étais venu à Vienne uniquement pour rencontrer Wolfgang Zinggl, l'instigateur, fondateur et théoricien d'un des projets artistiques les plus féconds, les plus novateurs de la scène artistique européenne – mais le plus contesté aussi. C'est lui qui m'a ouvert d'autres portes à Vienne. Et voilà que Wolfgang, dans ce petit matin voilé, assis en face de moi et dégustant son café matinal accompagné d'une énorme pâtisserie viennoise, a brusquement le regard mouillé, la gorge nouée, lorsque j'évoque Pascale, sa compagne, rencontrée lors d'un séminaire de Banlieues d'Europe à Glasgow et décédée brutalement à vingt-six ans d'une indiscernable maladie cardiaque. Une rose fanée et son portrait dessinent sa présence discrète dans les vitrines du local de *Wochenklausur*. (Ce passage lui est dédié, car Pascale et Wolfgang sont à l'origine de cette démarche artistique dérangeante.)

Mot à mot, « *Wochenklausur* » signifie la clôture quasiment monacale de neuf artistes, organisée par la *Sezession*, la grande salle d'art contemporain de Vienne, avec interdiction absolue pendant onze semaines de se consacrer à aucune autre activité que celle décidée en commun. Et voilà que ces neuf moines-soldats de l'art installent bureaux, couchage et salle de réunion dans le Temple de l'Art. Une fois les conditions réglées, encore fallait-il déterminer l'action à mener.

Aux marches du temple, le *Karlsplatz* était devenu « le » lieu de rencontre des SDF que la municipalité avait tenté, en vain, de faire disparaître, pour effacer cette tâche de misère de ce bel environnement patrimonial et touristique. Raison de plus pour que le collectif artistique s'en occupe, en proposant une tout autre démarche, une tout autre approche que celle de l'évacuation forcée. Le premier contact avait fait immédiatement apparaître une demande urgente de soins médicaux. Car, dans ces conditions de vie difficiles, toute blessure ou maladie peut s'avérer mortelle faute de soins. Voilà donc le projet qui allait mobiliser neuf artistes pendant onze semaines : obtenir un bus sanitaire pour les marginaux de la ville, par tous les moyens, toutes les ressources, toutes les actions dont ils seraient capables. Action sociale, diront les uns, action humanitaire, jugeront les autres, sans connaître le détail ni le contenu de l'affaire. À l'art de coller des étiquettes, je préfère celui qui consiste à mener une action artistique débordant les frontières admises, car nos moines-soldats ne manient ni la litote ni le sophisme, et se lancent à l'assaut des forteresses bureaucratiques avec la rage conquérante des convertis de la première heure. En quelques semaines, il leur faut réussir ce qu'aucune administration n'a réussi pendant des années. On se partage le travail, comme dans chaque équipe combattante : les uns se chargent du lobbying auprès des sponsors privés, les autres montent à l'attaque des hommes politiques, les troisièmes tentent de convertir les médias. La municipalité de Vienne les accueille avec le sourire condescendant et bienveillant de ceux qui connaissent parfaitement les rouages administratifs face à de naïfs néophytes. « *Nous y avions songé depuis des années, mais nous sommes dans l'incapacité de salarier un médecin et nous ne trouvons pas de praticien.* » Qu'à cela ne tienne ! Le groupe passe une annonce et, le lendemain, trente médecins sont candidats. D'accord, « *mais il est impossible, dans notre cadre budgétaire, de salarier du personnel médical* ». Ah bon ! Alors le groupe prend langue avec le correspondant local du *Spiegel* (l'équivalent allemand du *Nouvel Observateur*) qui accepte de faire une interview fictive de l'adjointe chargée des affaires sociales. Les émissions de radio se succèdent, martelant les revendications du groupe : « *Maintenant, c'est à la Ville de Vienne de décider si un médecin sera mis à la disposition des SDF de la Ville.* » Devant cette déferlante médiatique, l'adjointe, qui ne veut surtout pas apparaître comme celle qui refuse un médecin aux plus démunis, confirme le financement du poste. Victoire contagieuse. Les sponsors couvrent les 55 000 euros de l'acquisition du bus et de son équipement intérieur, et Caritas (organisation internationale à laquelle appartient le Secours catholique) prend en charge son fonctionnement. Une victoire complète, acquise en quelques semaines en débordant, par une ruse proprement artistique, les règles, normes et confinements mis en place par la société pour justifier son impuissance à agir concrètement. Le bus « Louise » est inauguré en grande pompe, après signature d'une convention qui lie les trois parties prenantes – la troisième étant la centrale pharmaceutique qui fournit les médicaments.

Et depuis plus de dix ans maintenant, « Louise » apporte soins et réconforts aux SDF de Vienne, près des gares, des places, des foyers, accueillant plus de sept cents personnes par mois. Matrice d'une démarche artistique, sociale et politique qui se développe depuis à travers le monde selon des approches identiques. À Zürich, *Wochenklausur* obtient ainsi, en 1994, l'ouverture d'un centre de jour pour femmes toxicomanes prostituées, en se jouant des partis politiques en place et en invitant de petits groupes de décideurs sur le lac pour convaincre banques, fondations et médias. Dix-huit projets se sont ainsi réalisés en Europe et au Japon depuis 1993. Invité à la Biennale de Venise à la suite des guerres dans les Balkans, le groupe met en place au Kosovo, en 1999, huit écoles de langues pour réfugiés financées par une loterie organisée dans le pavillon autrichien de la biennale.

Débordant d'énergie et d'activité, Wolfgang m'entraîne, en mai 2004, à une visite du dernier projet en date qu'il mène à Vienne : « *Gabarage* », contraction de *garbage* (rebut, détritus en anglais) à laquelle on pourrait associer la rage. Celle de voir des dizaines de personnes toxicomanes sortir d'une crise de désintoxication sans avoir le moindre point de repère, la plus petite accroche dans la société, aucun endroit pour se ressourcer, trouver du travail ou un sens à leur vie. Alors, avec le centre de soins pour toxicomanes *Proksch Institut*, il lance l'idée de transformer des objets mis au rebut pour leur donner nouvelle forme et nouvelle destination avec l'aide d'un designer professionnel. Action métaphorique où les objets déclassés, transformés par des personnes elles-mêmes mises au ban, au rebut par la société, trouvent – au plein sens du terme – une nouvelle destinée.

Sous un ciel épanoui, nous nous faufilons entre les stands du marché, entre de petites gargotes japonaises végétariennes, autrichiennes, turques ou javanaises, pour remonter vers la Schleifmühlgasse où se trouve l'atelier de « *Gabarage* ». L'ancien local d'un club sado-maso, racheté à moindre prix (car, dans la cave, des squelettes auraient été retrouvés et il a fallu procéder à un rituel de conjuration avant de prendre possession des locaux !), à présent moitié atelier, moitié salle d'exposition des objets réalisés. Une dizaine de personnes est réunie autour de Hammer Mathias, le designer, et dégustent un café dans une ambiance studieuse. « *D'anciens junkies* », me souffle à l'oreille Wolfgang en me présentant Léo, le chef d'atelier, qui coordonne l'activité depuis un an et qui me fait découvrir les objets réalisés avec la joie retenue, un peu distante, de ceux qui ne savent pas vraiment laisser éclater l'enthousiasme qui les habite. Léo me montre des réverbères municipaux transformés en superbes lampes de bureaux, des classeurs jetés par une grande banque et qui forment à présent des corbeilles à papier, de solides supports pour un fauteuil ou une table basse, des vêtements usagés devenus poches accrochées au mur. De magnifiques objets, qui ne dépareraient pas un magasin d'objets contemporains. Léo est précis dans ses comptes : 1 500 euros de ventes par mois, avec quatre personnes à temps partiel.

La méthode de travail consiste d'abord à récupérer l'objet usé, malade. Puis à débattre avec le designer pour définir sa nouvelle forme/destinée et enfin à engager la réalisation, rapide et parachevée par une vente.

À la sortie, Léo me glisse, un tout petit peu plus confiant : « *Vous savez, j'ai repris des études à la fac. Mais je peux dire maintenant sans me tromper que* Gabarage *a été le carrefour de ma vie.* »

Question souvent soulevée : « *Qu'est-ce que ces projets ont à voir avec l'art ?* ». Tentative de réponse apportée par Wolfgang autour d'un solide *Schnitzel* dans un restaurant du *Ring*, situé à la frontière entre le centre historique et les quartiers périphériques. Après de solides études d'histoire de l'art, Wolfgang a exercé pendant de longues années la fonction de critique d'art dans le plus grand quotidien viennois – il faut entendre « critique » comme une remise en question radicale des propositions ou des manifestations d'art contemporain. C'est à la suite de cette position critique de journaliste que la *Sezession* lui a proposé d'entreprendre une action devrant illustrer son propos. Ce fut le premier projet de *Wochenklausur.* Wolfgang justifie sa démarche d'abord par l'histoire de l'art, et c'est une grande joie de le voir aussi constituer sa filiation. Des constructivistes russes qui, par une activité artistique, voulaient influencer les masses populaires, aux plus récents « actionnistes viennois », en passant par le Bauhaus, qu'il lit comme une tentative de réunir la science, la technique, l'architecture et les arts visuels, de renouveler la forme des objets de la vie quotidienne, et donc de promouvoir d'autres représentations au sein de la population. L'art conceptuel, ce n'est plus l'objet, mais le concept qui le sous-tend, qui est mis en valeur. Mais ce sont les « actionnistes viennois » qui constituent sa parenté la plus récente et la plus déterminante. Des artistes comme

John Latam et Barbara Steven proposent une amélioration du système éducatif, alors que Joseph Beuys élabore une transformation globale de la société, avec sa « plastique sociale », et que Klaus Staeck s'attaque aux relations entre l'économie et le pouvoir avec des affiches d'agit'prop. Mais ce mouvement, estime Wolfgang, est vite absorbé, neutralisé, par les écoles d'art et les musées, d'où cette élaboration d'une intervention artistique qui ne relèverait plus d'une « performance », d'une représentation individuelle dans le cadre restreint d'un public d'initiés, mais s'ouvrirait à tout le champ politique, social, public. Wolfgang souligne, au café, qu'il s'agit ni plus ni moins de « *passer d'une culture individuelle du goût esthétique, de la distinction sociale, à un art social global et public, en se donnant des buts précis et limités, réalisés dans des interventions intenses de quelques semaines* ». Au pousse-café, « *Kaffee mit Musik* », comme on dit à Vienne, il pousse sa démarche dans ses derniers retranchements théoriques. « *L'art ne se définit plus que par des critères changeants fixés par des groupes sociaux restreints, quelques conservateurs, quelques critiques, quelques marchands. À présent, tout objet, du peigne à l'étron, peut être classé comme objet artistique. Et pourquoi donc une intervention dans le champ social et politique ne le pourrait-elle pas ? Dans le passé, on transformait marbre, bois et toile peinte, pourquoi ne pourrait-on pas transformer des situations sociales et politiques réelles ?* » Sa voix s'élève d'un ton : « *Nous revendiquons la capacité de définir nous-même nos critères et nos démarches, en remettant radicalement en cause les limites traditionnelles que les institutions officielles, celles qui légitiment l'art, nous opposent.* »

En nous séparant dans la lumière de l'après-midi, devenue brusquement aveuglante, je pensais à Pascale, sa compagne, et ne pus que saluer cette énergie artistique qui ruisselle dans les rues de Vienne. Parenté, filiation, respect pour les démarches des ancêtres, et rupture affirmée, revendiquée. Pour franchir les limites imposées aux démarches artistiques dans la configuration sociale et politique actuelle. Ne pas prétendre transformer le monde, mais seulement transformer la ville et la vie de ses habitants les plus fragiles, les plus démunis. Brusque accès de lucidité par rapport à la situation française, où cette démarche serait classée immédiatement dans les catégories sociales ou – pire encore – socioculturelles ! Un peigne pour chien dans un musée, c'est de l'art; une intervention artistique dans un quartier, c'est forcément « du social », de l'art « instrumentalisé par le social », dirait Zinggl. Mais qui est instrumentalisé par les murailles et les enfermements administratifs et sociaux ?

Je fais quelques pas sur le *Ring*, avec cette jeune morte, rose fanée trop tôt, pensant à cette féroce vitalité fauchée trop vite, et à l'éclatante et radicale énergie, à la vitalité débordante de Wolfgang. Éros et Thanatos. *Wochenklausur* comme tentative ultime pour signifier que les fictions que nous appelons institutions, hiérarchies, normes sociales, lois, règlements, ne sont que des masques de mort, les masques du grand vide, fiction sur fiction. *Wochenklausur* tente au moins d'ouvrir l'horizon.

Belfast

LE CARNAVAL DES RESCAPÉS

Une ville coquille fermée, une ville énigme dans laquelle le voyageur naïf tente de déchiffrer le mystère des hiéroglyphes inscrits sur les murs...

On m'avait bien prévenu de ne pas déambuler seul dans certains quartiers. Rouler dans une voiture aux vitres closes, aux portes verrouillées. Et pourtant, je ne découvre que des rues à décors identiques dédiés, petites maisons de briques rouges, proprettes, petits jardins soignés, petits pubs rutilants, petits *fish and chips* odorants : où est passé le décor dévasté vu depuis des années aux actualités télévisées ? Rien que l'ordinaire paysage de la désolation industrielle. Le chantier naval qui a vu le lancement du Titanic en 1912 n'offre plus que des hectares de viscères rouillés, de hangars éventrés, les squelettes conservés des grues immobilisées. Rien à voir, circulez. Tout juste un arrêt devant la statue de la Reine Victoria qui trône devant l'Hôtel de ville et son « dôme à délices », juste un vitrail à l'intérieur, parmi les dorures et les marbres, qui rappelle les grandes famines passées. Qu'est-ce qui pourrait bien singulariser cette ville par rapport à Glasgow, Liverpool, ou n'importe quelle cité industrielle britannique en liquidation industrielle ? Et brusquement, au détour d'une rue, vous tombez nez à nez avec une fresque qui représente une main rouge auréolée de grenades, de fusils, et un martyr combattant le visage caché, qui scrute un ciel aux gros nuages pommelés. « *En souvenir de nos combattants.* » C'est alors seulement que j'examine attentivement les murs de la ville, que je tente de déchiffrer les marques et les traces gravées. Une ville couverte de fanions, de bannières, de drapeaux qui bruissent et claquent au vent printanier. Signaux et sémaphores d'un territoire assigné. Attention, vous entrez dans un territoire protestant, c'est l'Union Jack qui vous surveille. Attention, drapeau républicain irlandais, vous foulez une terre catholique. Au cas où vous seriez affecté de myopie, ou vous ne lèveriez pas le nez, les bords des trottoirs sont peints aux couleurs des maîtres des lieux. À chaque moment, vous savez parfaitement où vous mettez les pieds. *East* protestant, *West* catholique, *North* protestant, mais ne vous fiez pas trop à ces principes directeurs, regardez toujours les murs et les fanions. En plein milieu du quartier protestant, vous pouvez tomber sur une enclave catholique entourée de hauts grillages et de portes qui barrent la rue. Seul le centre-ville est déclaré depuis quelques années « zone franche ». Des îles dans l'île, un archipel d'îles qui devrait former une ville, mais qui revendique la fermeture, le repli, une purification religieuse et politique, fruit d'une guerre de « trente ans » à laquelle les accords du Vendredi Saint, signés le 10 avril 1998, n'ont mis fin que du point de vue des affrontements armés. Fragile et précaire amnistie tant l'hostilité, la méfiance et la haine imprègnent encore les esprits. Vous scrutez désespérément les murs et les trottoirs à la recherche d'un espace libéré, d'un mur sans fresque militaire, quand brusquement une icône répétée sur les lampadaires, aussi bien côté catholique que protestant, attire votre œil. Un bock de bière barré d'un trait rouge. Est-ce le sigle d'un nouveau groupe paramilitaire ? Vous prenez des gants pour interroger le patron du pub voisin. Est-il catholique ou protestant ? On ne sait jamais. Très vite, on intériorise les fermetures et les interdits. Le plus sérieusement du monde, il vous apprend qu'une nouvelle terreur se répand en ville. Vous vous dites, tiens, je comprends mal l'anglais parlé ici, la guerre a repris. « *Oui*, dit-il, *la terreur, the teen age terror* ». Figurez-vous qu'au lieu de venir honnêtement consommer dans les pubs aux heures autorisées, des adolescents en bandes se répandent le samedi soir dans les parcs, les parkings, les aires de jeux pour se livrer à de bruyantes beuveries. Les habitants de Thorw Hill Parade sont terrorisés, ils n'osent plus sortir de chez eux. Je comprends alors le sens de l'icône du bock de bière barré. Interdiction de boire dans la rue, qu'on soit catholique ou protestant. C'est peut-être le signe de paix le plus évident. Ce ne sont plus les groupes paramilitaires qui terrorisent la ville, mais des adolescents en bandes qui se saoulent à mort le samedi soir. La normalité revenue. Mais au prochain tournant, vous tombez sur un autre paradoxe. Au milieu de Madrid Street, un portail ferme la rue. Vous demandez à un passant qui promène son chien si, malgré tout, il ne serait pas possible de passer sans faire un détour de plusieurs kilomètres. Il sourit, il comprend tout de suite que vous n'êtes pas d'ici. Un Français perdu dans Madrid Street, une aubaine. « *Je vais vous expliquer, Monsieur, la ville voulait ouvrir la porte qui sépare l'enclave catholique de la partie protestante. Mais tous les habitants, des deux côtés, s'y sont opposés. Ouvrir la porte, Monsieur, après douze ans de fermeture, risquait d'entraîner à nouveau des frictions entre les deux communautés. Alors, on préfère une porte fermée à un conflit ouvert.* » Ah bon, demi-tour, en avant pour le détour.

Pour comprendre les subtilités complexes d'un armistice, il faut lire le journal local. Attention, dans l'*East End*, quartier protestant, on lit seulement l'*East Belfast Conserver*. Mais ne croyez pas que c'est aussi simple car, même chez les Unionistes, plusieurs partis se livrent un combat acharné. Dans l'édition du 24 avril, vous apprenez ainsi que Peter Robinson, leader du parti démocratique unioniste, a reçu une lettre piégée qui, heureusement, n'a blessé personne, et que le député socialiste (SDLP), pour ne pas être en reste, en a reçu une lui aussi. Mais ce qui constituerait un gros titre ailleurs est relégué ici à la seconde page. Un cahier central est en revanche consacré à une longue interview du leader de l'*Ulster Defense Association*, qui regroupe d'anciens combattants et prisonniers unionistes. Tout de suite, on est frappé par les divergences existant entre Unionistes. L'interviewé ne nie à aucun moment les divers trafics liés aux groupes paramilitaires. « *La guerre est finie*, déclare-t-il, *mais les causes du conflit demeurent. Il y a une très forte connexion entre groupes paramilitaires, violence et pauvreté. Il faut résoudre ces inégalités sociales et économiques pour que la paix s'installe vraiment, que les ex-combattants puissent se réinsérer dans la société.* »

Le journal télévisé du soir me livre une autre explication de l'énigme de Belfast.

« *Pour poursuivre l'école après seize ans, une allocation de dix à trente livres par semaine sera accordée aux familles qui disposent de moins de 300 000 livres de revenus annuels. 350 000 élèves, sur les 660 000 que compte l'Ulster, sont éligibles.* » La journaliste rappelle que la Grande-Bretagne a le plus fort taux européen de jeunes quittant l'école à seize ans et que 16 000 élèves seulement se présentent chaque année au bac en Ulster. Le sujet suivant : la célébration du 93e anniversaire du naufrage du *Titanic* devant le mémorial, en présence du maire de Belfast. Je ne ferai pas de relation entre le bas niveau scolaire, la pauvreté, les trafics des groupes paramilitaires et la célébration du naufrage du Titanic. Après tout, les naufrages d'une guerre civile de trente ans ont le droit, eux aussi, de reprendre pied dans la vie, d'espérer une ville plus ouverte et plus fraternelle.

La désespérance mortifère de Belfast, un homme au moins tente de la briser. Il s'appelle David Boyd. Je l'ai surnommé Sisyphe. David n'a plus de fronde pour terrasser le géant. David-Sisyphe n'a qu'un projet : déplacer chaque année le rocher. David le passeur n'a que sa seule volonté pour faire avancer son idée : le *Beat*

Initiative Carnival. Il a installé son chantier artistique à l'ombre du chantier naval en friche. « *Harland & Wolff* », noms toujours inscrits en lettres noires sur les immenses grues jaunes, clochers d'un vaste cimetière industriel, alors que les multiples fanions drapeaux de l'Ulster et de l'Union Jack claquent au vent. Nous sommes dans *East Belfast*, en terre protestante. À cinq heures du soir, alors qu'un pâle soleil perce les nuages.

C'est l'heure du thé, servi dans une salle encombrée d'affiches, alors qu'une effigie, un soleil jaune clinquant nous adresse un clin d'œil complice. David sourit rarement – toujours un soupçon de tristesse dans un œil bleu qui vous scrute attentivement alors que les communautés se font la guerre, son regard se voile un instant. J'y lis des souvenirs de morts, de blessés, d'enlèvements, de passages à tabac, de pressions pour déloger commerçants et habitants pour « purifier » les territoires, les religions. Alors, acte désespéré ou anticipation heureuse, il lance ce projet de carnaval. Il ne dira rien de plus. Il ne déclare pas la révolte contre ces parades orangistes meurtrières, avec bannières, chapeaux melons, décorations et orchestres militaires pour célébrer la victoire du Duc d'Orange sur les Irlandais coalisés. Non, il dit seulement : avec les jeunes d'*East Belfast*, j'ai simplement voulu montrer que les percussions ne sont pas seulement les instruments militaires des *Loyalist Drumband* et leur expliquer qu'elles peuvent être des instruments festifs – du Brésil à l'Afrique, on utilise les percussions dans les fêtes du monde entier. Il ne dit pas non plus que, dès le premier carnaval en 1995, il a mêlé catholiques et protestants à la manifestation. « *Il fallait faire attention à notre communication,* se rappelle-t-il. *Ceux qui venaient du Sud dans les quartiers protestants pouvaient être repérés à leur accent.* » Pendant les ateliers, on bouclait souvent la porte à cause des émeutes...

Le premier carnaval a eu lieu sans aucune subvention et a rassemblé 370 participants, surtout des jeunes. L'année d'après, ce sont sept cents personnes qui se mobilisaient pour la seule initiative culturelle transcendant les appartenances communautaires. Mais très vite aussi, les groupes communautaires et politiques réagissent. Le directeur du Festival de Belfast Ouest (catholique républicain) s'oppose frontalement et férocement. Il adresse de nombreuses lettres aux associations et aux hommes politiques pour dénoncer « *les menaces dont (il était) victime* ». Beaucoup de projets menés à Shortstrand sont arrêtés sur intervention des politiques. Mais les menaces restent verbales, jamais d'affrontements physiques. Un soupçon de lassitude apparaît chez les passeurs de frontières, rescapés de retour des combats pour faire advenir une cité pacifiée dans cette ville toujours en guerre.

J'arrache mot à mot à David l'histoire, l'Histoire et son projet entremêlés. C'est en 1994 qu'a commencé cette *Beat Initiative*, ce projet fou. Et ce sont plus de mille participants qui ont défilé le 27 juin 1997 (à quelques jours du début des parades orangistes) avec plus de 70 000 spectateurs. David reste circonspect sur sa stratégie pour réunir trente-trois groupes issus de diverses communautés et vingt-deux groupes artistiques. Sont-ils catholiques, protestants ? Mystère. On y trouve aussi bien le Conseil des Africains d'Irlande du Nord, le Centre hindou, que des clubs et centres de jeunes, des collèges et écoles d'art, des groupes de samba, de théâtre et de musique. Des chars monstrueux, des grosses têtes politiques, des dragons issus du folklore irlandais. Le thème porte sur « *Les Bêtes et les Festins* », mais « *beast* » peut aussi suggérer les brutes, les infectes brutes qui ravagent la ville. Un spectacle est organisé sur la rivière Logan, avec marionnettes illuminée. Une *Carnival Party* clôt le carnaval, avec musique afro-cubaine. David avoue seulement qu'il a dû prendre son bâton de pèlerin et se rendre dans chaque club de jeunes pour les convaincre de participer à la manifestation, avec toujours la menace d'une interdiction par les caïds locaux – les jeunes étaient les plus motivés pour franchir les frontières religieuses qui leur étaient imposées.

Le 10 avril 1998, c'est la signature des accords de paix. Pour les deux derniers carnavals, en juin 1999 et en l'an 2000, le conseil municipal n'a plus accordé de subvention. Sitôt les accords de paix signés, plus aucune aide à la seule manifestation à laquelle participaient les habitants des deux camps ! Désormais, ce sont les carnavals et les festivals organisés à l'intérieur de chaque communauté qui seront subventionnés, selon un savant dosage politique et un partage du gâteau entre Républicains et Loyalistes.

En 2002, David organise malgré tout, en désespoir de cause, un carnaval qui se solde par un déficit de trente mille livres. L'association-support jette l'éponge. Amer, David sait qu'il lui faut repartir et une fois de plus pousser son rocher au sommet de la colline municipale; et, en attendant, tenter de survivre. Alors la *Beat Initiative* se lance dans la formation, vend ses compétences à d'autres villes, organise des stages d'art du cirque, produit un show télévisé pour le Dôme du Millénium à Londres avec deux cent cinquante enfants venus d'Irlande du Nord. Et quand même, c'est plus fort que lui, David ne peut s'empêcher de relancer le carnaval, en modèle réduit, en décembre 2003 : c'est la « *Lantern Parade* », à East Belfast, où il fait venir des groupes d'autres quartiers. « *Mais la manifestation a été boycottée par les groupes catholiques qui, pourtant, l'avaient préparée avec nous. Les gens sont toujours très soupçonneux. Même s'ils voient catholiques et protestants travailler ensemble, le simple fait d'avoir un local à* Belfast East, *quartier protestant, entraîne ipso facto la croyance à une militance protestante loyaliste.* » À quoi rêve Sisyphe au pied de la colline, derrière son rocher ? À reprendre son carnaval au centre-ville en 2005, et organiser en 2006 un événement vraiment « géant » en mobilisant des groupes de toute l'Europe, de la *Zinneke Parade* de Bruxelles au Défilé de Lyon. D'ailleurs, il me tend un gros dossier dans lequel tout est justifié, argumenté, noir sur blanc.

Je le sens de nouveau enthousiaste, prêt à foncer. Mais après un long silence, il me dit : « *Mais comment convaincre le conseil municipal, comment convaincre tous ces groupes politiques qui ne jurent que par leur appartenance communautaire ?* » Il se tait, mais je sens qu'une grande vague de lassitude le submerge. Alors, je lui réponds : « *Allons boire de la Guinness au pub du coin.* » Non, pas dans ce quartier, chaque pub est marqué, accueille tel ou tel groupe bien précis ; les étrangers, on se méfie d'eux. Nous irons au centre-ville, c'est devenu un espace commun, plus libre, où l'on circule facilement.

Après trois pintes, David me lance : « I'm commited to stay here (je suis condamné à rester ici). *Je suis né ici, j'ai fait mes études d'arts appliqués au Art College de Belfast. Tous les étudiants de mon année sont partis ailleurs. Moi, je suis resté. J'ai voulu de toutes mes forces développer une vie artistique et culturelle dans cette ville condamnée au meurtre et au chômage. Rester,* it has to be a personal vision, it's not a job (c'est une vision personnelle, pas un emploi). *J'avais, depuis 1995, anticipé la fin des affrontements en offrant une plateforme artistique commune aux catholiques et protestants. Et au moment où cette situation que j'avais anticipée, espérée, rêvée, se réalise enfin, j'ai l'impression d'être rejeté, relégué, alors que je sais pertinemment qu'il faudra des générations pour déconstruire la haine, la méfiance, la peur. C'est la raison pour laquelle j'investis aussi beaucoup dans le travail mené avec les enfants.* »

De retour à l'entrepôt de la *Beat Initiative*, une soirée est justement organisée avec les enfants qui ont participé à l'atelier *Carnival Performance Group*. Liz, seize ans, vient de *North Belfast*, Pierce, quinze ans, de

South Belfast. Trois fois par semaine, ils viennent à l'atelier pour « *avoir du plaisir, être ensemble et oublier ces foutus événements politiques* ». « *Pour la génération de nos parents, il n'y avait aucune activité intercommunautaire, mais pour nous, si* », affirment-ils. « *La situation évolue, mais j'avoue qu'il y a des endroits de Belfast où je n'irais pas.* » Clara, dix-sept ans, est dans l'atelier depuis cinq ans. « *Le plaisir*, dit-elle, *uniquement le plaisir de rencontrer des personnes que je ne pourrais jamais rencontrer ailleurs* ». Mais aussi le plaisir de « *chanter, danser, faire de la musique et défiler* » : « *Vous verrez, à long terme, nous transformerons cette ville par ce travail intercommunautaire. Car, contrairement à nos parents, nous pensons plus facilement que tout le monde est égal.* »

Jan, une animatrice du groupe : « *Quand j'avais leur âge, mes grands-parents m'interdisaient de faire du vélo dans le quartier catholique. J'étais à bord d'un bus quand une bombe a explosé à une station de bus toute proche, tuant dix personnes. Dans mon bus, on n'a pas pu descendre et une femme a fait une crise cardiaque sans qu'on puisse la secourir. Je ne me sens ni Britannique ni Irlandaise, mais* Northern Irish. *Mais la situation évolue. Il y a de plus en plus de couples mixtes, d'écoles mixtes. Même si en 2004, un homme a été tué à cause de ses activités républicaines. Son enfant fréquentait pourtant une école "mixte". Moi je ne ressens pas cette haine des autres et je ne partirai pas d'ici. Je continuerai ce travail intercommunautaire. Car, malgré tous les reculs et aléas, c'est nous qui construisons l'avenir.* »

Changement de décor radical, le lendemain. Nous visitons l'Hôtel de ville et rencontrons le président du sous-comité du développement artistique, Eoin O'Brain, très jeune conseiller municipal issu du Sinn Fein. Nous entamons avec lui un véritable débat sur la politique culturelle de la ville. David est là, replié, le plus souvent silencieux. Que peut-être le développement culturel d'une ville, après ces violents affrontements, cette véritable guerre civile de « trente ans » ? Bien entendu, nous nous heurtons immédiatement quand nous employons les mots « communauté », « communautarisme », « identité ». Je tente de lui expliquer la conception française de l'horizon républicain, cette barrière qui sépare la vie politique, sociale, culturelle, dans les croyances religieuses, philosophiques ou idéologiques de chacun, c'est-à-dire la conception laïque de la République. Visiblement, il ne comprend pas ou n'est pas d'accord, car il défend l'expression des communautés, la mise en valeur de leurs identités à travers des pratiques artistiques. À chaque communauté son centre culturel, ses festivals, son carnaval. Et au centre-ville les manifestations prestigieuses. David baisse la tête, puis intervient en présentant ses projets 2005 et 2006. Il fait clairement part de sa volonté de donner un rayonnement international à son carnaval en 2006. Là, le président écoute, opine du chef, il viendra même à Lyon à la rencontre sur les fêtes, parades et nouvelles convivialités urbaines qu'organise Banlieues d'Europe. Le rayonnement international, voilà l'argument décisif pour une ville qui veut à tout prix reconstruire son image positive, après avoir été l'objet de tant d'images de morts et de destructions pendant de longues années. Nous repartons après avoir déambulé dans le marbre, le bois et les vitraux avec plusieurs kilos de documents. Encore un tournant radical dans la vision d'une ville en devenir : celle des études, documents, brochures, rapports, plans divers et multiples – tous veulent donner une image positive, rationnelle, rassurante, de l'avenir de la cité.

Nous apprenons donc, dans le *Masterplan* de Belfast Capital City : « *Dans une perspective de "stratégie spatiale", c'est le centre, le "sillon central", qui, du port situé au Nord, à l'Université Queens, au Sud, constituera un centre-ville dynamique, rassemblera les diverses zones d'activités économiques...* » La plupart des commerces des *Energized Core* (noyaux économiques dynamiques) sont placés dans ce couloir central. Il ouvrira « *une stratégie spatiale qui offrira de nouvelles perspectives à la ville* ».

Dans cette logorrhée technocratique, la culture n'est pas en reste. Une luxueuse brochure présente le *Culture & Arts Plan 2003-2006* – « *des principes aux actions en trois étapes* », avec deux objectifs principaux : « *développer les produits culturels* » et « *utiliser la culture et les arts pour régénérer la cité* ». Six chapitres structurent le document : *leadership*, événementiel, bonnes pratiques, régénération économique, territoire et évaluation. Ainsi apprend-on qu'il faut « *créer une stratégie culturelle intégrée* », hisser la ville au niveau international, développer les festivals, développer l'excellence dans le secteur de l'art et du patrimoine, élargir l'accès à la culture, encourager la participation en construisant des centres culturels, promouvoir le tourisme culturel, développer le rôle de l'art et du patrimoine dans le domaine économique, mettre en place les industries créatives, développer la formation, promouvoir le patrimoine historique et la créativité dans l'environnement bâti, et surtout, surtout, ne pas oublier l'évaluation, la « *mise en valeur des bonnes pratiques* » (il y en aurait donc de mauvaises ?). Le catalogue des vœux pieux est au complet. Dans l'uniforme de petit soldat culturel, aucun bouton de guêtre ne manque. Les étapes et le calendrier sont précisés dans des tableaux, les partenaires sont cités.

De l'*Arts Council* au *Voluntary Arts Ireland*, pas moins de vingt-quatre organismes publics ou fédérations d'associations servent d'intermédiaires. Je cherche en vain la *Beat Initiative*. Bien que les photos de ses manifestations illustrent la brochure, elle n'est jamais citée. Trop petite, certainement minuscule parmi les éléphants des fédérations et organismes qui vont se partager le gâteau, devenir des partenaires écoutés et sollicités. Voilà en tout cas une belle illustration de l'immense coupure qui sépare l'action de terrain du discours politique et bureaucratique à l'œuvre dans bien des villes européennes.

« Réenchanter la ville » par de belles brochures technocratiques, tirer des plans sur une comète urbaine à la dérive, ou mettre en valeur de modestes actions de terrain qui métamorphosent, de manière limitée mais essentielle, la manière de s'approprier la cité, de rendre plus habitable la ville, de promouvoir la convivialité et la force du lien social, et surtout de relancer les forces de l'imagination et de la créativité qui constituent les seules capacités humaines également partagées, et sans doute aussi les seules susceptibles d'assurer un développement durable ? Un choix.

Ce qui est surprenant dans cette belle littérature qui tente de susciter quelquefois, de manière outrancière, une image « positive » de la ville, c'est qu'elle est parfaitement interchangeable, applicable à n'importe quelle ville de même dimension en Europe. Dans les centaines de pages des documents, le grand et désastreux conflit dont la ville se relève à peine n'est pas cité : tout cet immense effort technocratique repose sur le vide, le mensonge et l'oubli.

Après lecture, je demande à David ce qu'il en pense. Sa réponse fuse : « *Avec le prix de cette étude, j'aurais pu organiser trois carnavals intercommunautaires dans cette ville.* »

Nous passons la soirée à *L'Odyssée*, grand paquebot de verre et d'acier échoué sur le site de l'ancien chantier naval. Une immense construction qui abrite des supermarchés, un multiplexe et des restaurants typiques. Trois gousses d'ail sont suspendues au mur, c'est un restaurant espagnol, où nous mangeons des *tapas* qui sortent tout droit du congélateur, alors qu'une pluie battante cingle les immenses verrières. La réalisation majeure de la ville pour son bimillénaire. Des parents endimanchés font sauter leurs gamins sur de longs élastiques pour quatre livres le saut, avant d'aller au

McDo du rez-de-chaussée. La pauvreté suinte des corps et des regards. La pauvreté moderne, non plus l'ancienne misère prolétaire silencieuse des tristes dimanches populaires. L'ange de la paix a effleuré Belfast, alors que l'ange de la mort s'est enfermé derrière les grillages communautaires. David, l'œil bleu soudain allumé, souffle à nouveau sur les braises d'un proche avenir. « *Alors, en 2005, puis en 2006, je mobilise les troupes. Tu vas voir, ils n'attendent qu'un signal et nous reprendrons nos déambulations et nos percussions, tu verras...* »

Soudain, il s'arrête. La radio vient d'annoncer qu'une marche orangiste, d'abord interdite, a été rétablie pour l'après-midi, que de nouvelles échauffourées et incidents sont à prévoir, que la police est mobilisée.

Le silence n'est plus rompu que par le bruit de la pluie sur les verrières de *L'Odyssée*.

Belgrade

ET D'UN BATTEMENT D'AILES, L'ANGE DE LA PAIX SURVOLA LA VILLE

Belgrade la blanche, blancheur lustrale incrustée dans sa désignation première : Bel, Beograd, Blanc ?

Belgrade la rouge, le rouge passé, effacé, des utopies ruinées d'autogestion, enfin libérée par Coca et MacDo ?

Belgrade la noire, des milices et des camps fascistes, des rêveries nationalistes de la Grande Serbie, le noir du *black-out* des bombardements alliés de 1999.

Quelle ville allais-je croiser en cette glorieuse journée (*A Glorious Day*), en cette matinée rayonnante et poussiéreuse de juillet 2004 ?

Surprenante découverte : la ville est vibrante du plaisir démultiplié de la paix retrouvée, du bonheur des terrasses fleuries, où coule une bière piquante à moins d'un euro et où, à la fraîche, on enfourne de l'estomac de mouton farci ou de grandes assiettes de viandes grillées. On déambule de la *Terazije* à la Place de la République avant d'aller à la citadelle découvrir des troupes de théâtre de rue présentées par le Festival de Belgrade.

L'aigle noir est tombé du drapeau de la Serbie. C'est l'ange de la paix qui, de ses ailes, effleure Belgrade et survole la ville, de l'embouchure de la Save et du Danube aux faubourgs de la rive droite où se dressent tours et blocs de l'ère Tito, au-dessus de l'ambassade de Chine toujours trouée d'obus, par-delà les ponts aux trolleybus bringuebalants, bien au-dessus de la forteresse de Kalemegedan, dans les larges avenues et les étroites ruelles pavées de la faculté des arts.

L'ange de la paix attend tous les matins à *Terazije*. Il se métamorphose, se multiplie immédiatement en centaines de corps féminins en pleine floraison, d'une incroyable séduction. C'est un ange diabolique qui a inventé cette mode féminine, qui libère quelques centimètres de peau, entre le bas du dos et le jean ou la jupe, et laisse glisser le regard sur une chute (de reins) à faire damner n'importe quel saint européen !

À Belgrade, l'ange de la paix a multiplié les boutiques et les marchés ; un ange communiste, venu d'un lointain passé, a accordé cette grâce de la séduction très largement et très également répandue. Les hommes, dans leur sombre et broussailleux corps élancé, jouent la force virile, alors que la beauté rayonnante des femmes de Belgrade est un hommage inégalé au désir, au plaisir des corps et de la liberté retrouvée. Les bruissements d'ailes de l'ange de la paix, qui virevolte à présent, dominant les toits de Belgrade, font oublier le bruit des canons, le sifflement des bombes, les feux d'artifice nocturnes de la DCA. L'ange de la paix n'oublie pas les anges de la mort qui se sont abattus sur la ville, comme une nuée de criquets sur le Sahel, au lendemain de la mort de Tito et de la dislocation rapide de la Yougoslavie. Les forces de mort coalisées portent alors un nom, nationalisme, quand se rompt le seul lien idéologique qui reliait les peuples yougoslaves : un communisme autogestionnaire qui avait sauvegardé à 85 % la petite propriété paysanne. Ce fut le règne de l'« identité » nationaliste, avec son cortège de morts, de blessés, de réfugiés, de répression, et surtout les camps et les massacres massifs de Srebrenica, l'impardonnable souillure du rêve de la « grande Serbie » : « *Les dogmatiques les plus affirmés, les bolchéviques les plus rigides, la police, le NKVD, devinrent des anticommunistes enragés, des nationalistes passionnés, des fascistes, des proto-fascistes* », écrivait Bogdan Bogdanovic, en 1992. Si proche et pourtant si difficile à relier : les sommets de l'hystérie nationaliste.

Florilège :

« *Comme Serbe et fier de l'être, j'aurais préféré que vous fussiez morts en héros, et nous vous aurions alors célébrés comme héros.* » (Arkan, dirigeant de l'organisation paramilitaire serbe, s'adressant à un groupe de réfugiés fuyant la Croatie.)

« *Nous, Serbes, serions douze millions ? Si c'est le cas, la moitié d'entre nous, soit six millions, peut mourir pour la Serbie, pour que les autres six millions puissent forger leur avenir.* » (Biljana Plavšic, présidente de la « République » serbe de Bosnie, en 1992.)

« *Slobo (Milosevic) mon soleil, mon étoile, tu es dorénavant l'unique dans ma vie.* » (Un père qui vient d'apprendre la mort de son fils devant les caméras de la télévision d'État RTS, en 1993.)

À Belfast, ce sont seulement certains quartiers et une population assez réduite qui ont plongé dans l'hystérie nationaliste sanglante. En Serbie, des millions de personnes ont partagé la passion criminelle. Même s'ils ne l'ont pas tous exécuté, ils ont au moins commis le « crime d'indifférence » dont parle Hannah Arendt. Des milliers d'autres l'ont refusé, ont résisté, se sont battus avec leurs faibles moyens contre le régime tyrannique et nationaliste de Milosevic. Dès 1991, chaque mercredi, des femmes en deuil protestent contre la guerre. En 1992, des citoyens de la ville confectionnent un voile de deuil d'un kilomètre pour protester contre le siège de Sarajevo. Devant la résidence de Milosevic, des chaînes de bougies pour la paix sont allumées le 31 décembre 1992. Les protestations se suivent, s'amplifient, sont durement réprimées par la police. Mais le détournement du vote du conseil municipal conduit plusieurs centaines de milliers de personnes dans la rue et provoque l'émergence des leaders de l'opposition. Enfin, le 5 octobre 2000, c'est la chute du « rêve d'une Serbie céleste » et l'irruption d'une Serbie démocratique, après la prise du palais gouvernemental et l'élection de Vojislav Kostunica à la présidence.

Aleksander Brkic, vingt-quatre ans, mon guide à Belgrade, employé par le grand festival de théâtre – le

Bitef –, me raconte tout cela d'une voix enjouée, en sirotant son coca à la terrasse ombragée d'un bar à l'enseigne prémonitoire : « *Point d'interrogation.* » « *J'avais dix-huit ans à l'époque des bombardements,* raconte-t-il, *ce fut la période la plus folle de ma vie. Chaque nuit, nous fêtions et discutions sans fin dans les théâtres, les galeries de la ville, nous fêtions la vie et l'énergie désespérée de notre survie...* » Plus sérieusement, il ajoute : « *Des groupes d'artistes et quelques rares écrivains ont sauvé l'honneur de cette ville pendant ces quinze dernières années.* »

Toutes affaires cessantes, il me conduit dans les deux pièces, encombrées d'ordinateurs, du Collectif *Skart*, qui signifie « Le Rebut ». *Skart* par ci, *Skart* par là, le groupe arrive en 1990 et il est toujours là. Des étudiants en architecture, férus de poésie, de design et de théâtre, débarquent dans une société figée, répétant éternellement les mêmes slogans, célébrant les mêmes rituels politiques (et religieux) dans une ennuyeuse ambiance provinciale. Alors, nihilistes provocateurs, ils expérimentent toutes les stratégies artistiques de l'époque, publient des affiches « *Skart wish happy days* », avec une mystérieuse lettre retournée qui devait provoquer l'interrogation : « *Quel groupe politique se cache derrière ce slogan ?* » Ce fut le départ d'une stratégie de communication critique qui se poursuit avec l'évocation d'une mystérieuse actrice, Rahela Ferrari (1912-1994). Qui est ce personnage, sinon un symbole d'un passé révolu ? Sait-on jamais, elle a peut-être vraiment existé, la Ferrari de notre noble passé. En 1992-93, les actions sont ciblées sur la situation générale de la Serbie. La « Bibliothèque de la tristesse » est largement diffusée, dans les gares, les parcs, le marché. En 1996, ils mènent une action à Mostar : lors des démonstrations de rues, lorsque la police bloque le centre, ils distribuent un passeport pour circuler librement. En 1997, ils éditent deux mille coupons « pour l'orgasme », différents pour chaque catégorie de population (Serbo-croates, Albanais...), et une tête de Mickey pour les enfants. En 1999, invités à Bruxelles, ils réalisent des panneaux de signalisation routière avec tanks et bombes – « *Attention, chute de bombes* » – qu'ils placent devant le QG de l'Otan. Juste avant la libération d'octobre 2000, ils éditent des autocollants trash (« *Votre merde, votre responsabilité* ») qui sont fichés dans les étrons de chiens à travers tout Belgrade. À partir de 1998, alors qu'ils n'avaient aucune relation avec les institutions ou les groupes politiques, de façon à pouvoir rester radicalement indépendants, ils prennent contact avec les mères isolées, réfugiées du Kosovo, qui (sur)vivent de l'économie grise et du marché noir, et entreprennent avec elles la réalisation de broderies critiques de la situation dans laquelle elles se débattent. À la biennale de Tirana, en Albanie, un homme seul fait de la broderie dans la rue. *Mon dieu, qu'est-ce qui se passe ?* Mais c'est en 2000 qu'ils suscitent un vrai parfum de scandale : avec un chœur de quinze personnes et un orchestre, ils parcourent l'ex-Yougoslavie en faisant résonner le répertoire traditionnel et les vieilles chansons communistes.

Sur les marchés, ils dressent une boîte vide, d'où une main sort pour saisir tous les souhaits exprimés par la population. Distribution gratuite de coupons « *It's free - gratuit.* » « *Toute la Serbie, et même la Yougoslavie, est Skart* », dit une spectatrice. Tendresse pour un modeste groupe marginal qui ne fait pas résonner les grandes trompettes de la Révolution ou de la Politique, mais avec son humour parcimonieux, contribue sur le terrain, dans les bus, dans les gares, sur les marchés, à injecter une pointe de dérision dadaïste, de provocation poétique dans les situations les plus tragiques.

Aleksander est intarissable sur les mouvements de résistance, sur les démonstrations anti-Milosevic qui ont si fortement imprégné son adolescence. « *Malgré tout ce qu'on a raconté en Europe, l'opposition à la guerre menée au nom de la Serbie a été très forte* », assure-t-il. Il avale la moitié de son coca, s'essuie les lèvres et sourit en me racontant la « marche des aveuglés » – en 1992, des milliers d'étudiants, les yeux bandés, se rendent au siège de la télévision et dévoilent un monument en carton qui révèle un spectateur de télévision en état hypnotique – ou la distribution de savon aux groupes paramilitaires pour qu'ils se lavent la « langue ». Puis il éclate de rire. « *Le coup du réveil-matin, superbe, le coup du réveille-matin ! Nous avions formé une chaîne humaine autour du Parlement et fait résonner des milliers de réveils pour leur signifier que leur temps était révolu.* » Il répond brusquement à son téléphone mobile, puis s'écrie : « *Ah, j'oubliais de te demander, est-ce de l'art ou pas de l'art, cet état de créativité multiplié qui s'élevait alors dans les rues de*

Belgrade ? Était-ce du théâtre ou de la guérilla urbaine ? En tout cas, nous avons protesté avec humour. En 1997, quand les manifestations de rue ont été interdites, nous avons organisé des jeux de société en plein milieu de la rue bloquant la circulation, nous avons fait hurler le rap et la techno, et surtout propagé une idée géniale. Un groupe d'artistes s'est muni d'immenses miroirs, reflétant le cordon de police situé en face d'eux. Les flics se voyant en spectateurs, voyaient les manifestants et se voyaient eux-mêmes. Une pièce de théâtre avec acteurs et public réunis dans un même temps et dans un même lieu. Génial, non ? »

« *Les idées fusaient, la ville était saturée d'idées,* poursuit-il. *Non pas une ville enchantée ou réenchantée, mais une ville enragée, une ville en état permanent de créativité où les idées les plus folles se réalisaient malgré le total manque de moyens.* Led Art, *ça ne te dit rien ? Voici le catalogue, tu comprendras...* » Je lis : « *En 1993, un groupe d'artistes se réunit sur le thème de "L'Art congelé" et proclame : l'époque que nous traversons n'a plus aucun besoin de l'art. C'est la raison d'être de ce projet. La congélation signifie, d'un côté, l'euthanasie et, de l'autre, la possibilité de l'hibernation, qui permet de sauvegarder les valeurs, en espérant que dans l'avenir la possibilité de la décongélation permettra une renaissance...* » Des projets « en glace » furent proposés à des groupes de visiteurs vêtus d'uniformes spéciaux, dans des entrepôts sombres, seulement éclairés par les lampes des visiteurs, par une température de moins vingt degrés. Après un passage à Novi Sad, où leur exposition fut détruite par la police, et des visites de dépôts d'ordures, ils participent en 1997 aux manifestations étudiantes, avec deux énormes bouées de sauvetage en glace sur lesquelles on peut lire : « *SOS Président Milosevic* ». Ce sont eux également qui initient la performance avec les miroirs et qui, quelques mois plus tard, procèdent à une reconstitution de l'assassinat de deux manifestants par la police, d'une manière tout à fait officielle, en traçant sur le sol l'empreinte de leurs corps. Leurs interventions deviennent de plus en plus risquées, comme à Pristina à la veille du conflit kosovar, ou dans la cour de l'église catholique de Novi Sad, avec le concept de « camp artistique » (« *En Serbie, nous habitons le plus beau camp du monde* »), avec construction d'une chambre à gaz en glace surmontée du drapeau national avant sa destruction totale par la police. Le 1er avril 2000, un an après les bombardements de l'Otan, ils procèdent à la vente aux enchères de morceaux des ponts détruits sur le Danube. Débordement artistique et politique vont de pair. L'art n'est plus confiné dans les musées et les galeries, il flambe dans la ville, dans les rues, il se répercute sur les murs et les T-shirts, avec les images de bulldozer du groupe Otpor. Il s'infiltre dans les quartiers périphériques avec le projet « Flux 01 », organisé par *Rex*, dont le siège est situé Jevrejska 16, dans un ancien cinéma, et dont le but est de constituer une « zone libre » pour les discussions politiques et un carrefour artistique de résistance démocratique par le théâtre, la musique, le film et surtout les nouveaux médias (avec un site Internet très actif, *Cyber Rex*). Tous les lieux culturels ou artistiques à Belgrade sont bourrés d'ordinateurs. L'ordinateur comme emblème de la modernité, comme drapeau flamboyant de l'ouverture au monde, comme boule de cristal permettant de lire l'avenir... Lorsque nous rencontrons Nebojsa Milikic, coordinateur du projet, il est assis devant un ordinateur, dans une salle où une dizaine de personnes manie la souris, la tête plongée dans l'écran, avec la foi des convertis de fraîche date et, bien entendu, le projet, les images, les textes sont fixés sur un CD-Rom. J'ai beaucoup de mal à l'arracher de la table de communion virtuelle et à m'entretenir avec lui dans un *basic english* mâtiné de serbo-croate qu'Aleksander me traduit. Il parle lentement, timidement, mais avec cette conviction et cet engagement qui signalent immédiatement les militants qui, entre courage et obstination, font ce qu'ils disent. Au départ, un projet un peu fou, montrer des réalisations de *Video Art* dans des quartiers où la vidéo, ce sont les films de kung-fu ou de porno – ou la télévision d'État. Aucun centre d'art, en France, ne tenterait pareille démarche, persuadé que les « sauvageons » de nos périphéries urbaines ne sont guère accessibles aux beautés secrètes de l'art vidéo.

Donc Milikic part à l'aventure, magnétoscope et bandes vidéos sous le bras. Il installe ses téléviseurs dans les magasins, les kiosques, les arrêts de bus et, le soir venu, au milieu de la place du quartier. Miracle, personne ne vient casser le matériel. Bien au contraire, l'occasion est trop belle et les circonstances trop complexes et fuyantes pour que l'on ne se saisisse pas d'une telle opportunité pour débattre, et pas seulement consommer des images d'un écran télé. Œuvres internationales et serbes sont projetées et, le dernier soir, les artistes serbes se joignent à la fête. Très vite, le thème se focalise sur Belgrade, la vie, la ville, et Nebojsa Milikic demande aux habitants d'apporter des objets symbolisant leur rapport à la ville. Facile quand on habite rue du maréchal Tito, beaucoup plus compliqué quand on doit se creuser la cervelle pour symboliser des impressions plus personnelles. Il renouvelle l'opération dans six quartiers différents, dans des espaces souvent désertés. Car, à Belgrade, ce n'est pas seulement la dévastation économique qui caractérise le paysage urbain, mais surtout la dévastation politique. Les centres culturels, qui officiaient dans chaque quartier de la ville, sont désormais fermés, faute de financement. Les écoles tentent de prendre le relais. Les boutiques sont vides depuis dix ans et beaucoup d'usines fermées. Seuls les cafés et les kiosques qui se dressent à chaque coin de rue sont encore des espaces vivants dans lesquels on installe les écrans. En 2002, les artistes créent des œuvres spécialement pour le site Web qui relate le projet « Flux 01 ». En 2003, le projet se déploie à nouveau, mais sur une tout autre dimension. Les artistes constituent des ateliers dans trois quartiers de la ville et ciblent surtout la population la plus éprouvée et la plus pauvre : les réfugiés.

À Batajnica, ils interrogent l'arrachement du départ, le long voyage vers Belgrade, et surtout la terrible nostalgie du pays perdu qui habite encore les personnes déplacées. Films amateurs et photos, récits, peintures, comme celles de ce soldat réfugié de Croatie et renvoyé au combat, qui ne cesse de peindre sa maison de là-bas, à des dizaines d'exemplaires et de manière compulsive. Les éléments d'une longue plainte des exilés, mis en forme pour revenir toujours à la même question : « *Pourquoi, dites-moi pourquoi ?* » Comme si cette errance n'avait jamais eu d'auteur politique, comme si la souffrance des uns ne renvoyait jamais à la souffrance des autres. « *À travers les ateliers*, dit Milikic, *nous avons libéré un flot d'interroga-tions qui cheminent doucement. Les hommes ne sont pas des machines décervelées. Lentement, mais sûrement, nous moissonnerons nos modestes semis. À Kaludjerica, c'est une autre dimension de la ville qui a été abordée, celle des taudis qui entourent la ville et celle des habitants qui, en toute illégalité, sans être raccordés ni à l'eau ni à l'électricité, ont construit des maisons en dur. Plus de six mille maisons ! Nous avons organisé le concours de la plus belle maison et discuté sans fin avec les habitants sur la notion de beauté, et pas seulement en architecture. Qu'est-ce qui est beau, dans ce pays, dans cette ville, dans ce quartier, en 2004 ?* »

À Sremčia, ils ont entrepris de conter l'histoire des quartiers comme un graphique : en ordonnée, le temps, en abscisse, les photos des habitants, ce qui est important pour eux. « *L'Histoire et leurs histoires, ordonnées et mises en ordre.* » « *Et maintenant,* poursuit-il, *tu sais ce que je vais faire, moi qui habite à Kaludjerica ? Je vais dresser le plan des canalisations pour avoir enfin de l'eau et "assainissement. Rien d'artistique, juste une question de survie.* » Mais voilà, dans une ville que tout condamne à l'état de survie, et qui est pourtant en pleine floraison d'initiatives culturelles, de projets artistiques, une faim dévorante d'ouverture, de modernité, de démocratie, est à l'œuvre. Comme s'il fallait à tout prix rattraper le temps perdu. Mais la réalité de la survie programmée vous rattrape à chaque instant.

Au Musée d'art contemporain, Zoran Eric, le conservateur, nous fait visiter un espace déserté. Seules quelques sculptures sont exposées dans le hall d'entrée, mais les peintures et autres objets sont confinés dans les réserves, faute d'une hygrométrie adéquate, de climatisation et surtout d'argent. Il nous entretient de ses projets passés et à venir. Une exposition financée par IBM sur l'art informatique ; le projet avec Steven Bukovic sur les bombardements de 1999 ; son travail sur l'analyse spatiale de la ville, sur l'utilisation de dix places par les habitants, intitulé *B. Base (Belgrade Base) Absolutino*. Slavia Place, au centre de la ville, absolument vide avec un bâtiment bancaire en façade-miroir, reflète l'espace où s'implantent des baraques temporaires, des jeux de cartes, des vendeurs de journaux, des Roms. Sur une autre place, devant l'ancien Centre culturel espagnol, les photos de la maison « américaine » qu'il occupait, réalisées par Micha Kubal, sont reproduites sur des plats distribués lors d'une performance. Un projet dans les anciens bains turcs, avec un diffuseur CD en contrepoint, dans la très belle lumière de la voûte. Ou encore en 2001, lors du Festival d'été de Belgrade, l'inscription gravée sur le mur d'un ancien cinéma classé : « *Too many colors to give you a many colored object.* » Les six projets dans six sites à travers la ville ont ainsi entamé une joyeuse déambulation.

Et à présent ? Pas de présent, de l'avenir seulement, avec la préparation d'une exposition de Čačak consacrée à l'espace privé et public, par détournement des espaces publicitaires et de signalisation, mettant en scène l'artiste et ses relations, ouvrant un catalogue des objets détruits. « *Nous sommes en relation vivante avec une scène artistique européenne,* reprend Zoran Eric, *mais pourtant il est difficile de continuer. Trop de couleurs pour rendre visible un seul objet artistique !* » Nous sortons du bâtiment après avoir repris nos passeports, vieux rituel communiste qui subsiste malgré tout, dans ce beau bâtiment moderne et fonctionnel, réalisé entre 1961 et 1965 dans un magnifique parc situé au bord de la Save. Une multiplication cristalline d'espaces en cascade diffuse et dirige la lumière.

Trop de couleurs et de lumière aussi au bord de la Save, où s'alignent bateaux-cafés, bateaux-restaurants, bateaux-boîtes discos, pour que nous puissions résister longtemps. Sur le toit en terrasse d'un restaurant flottant, d'où l'on aperçoit la citadelle et toute la perspective de la ville, le pont qui mène au nouveau Belgrade et surtout la large étendue de la Save, entre les coups de sirènes des péniches qui remontent le courant et les cris des mouettes qui plongent à la recherche des détritus, je cherche en vain le signe ou le signal qui constituerait l'unique symbole de la ville – un monument remarquable, une flèche d'église, une tour – qui imposerait sa signature... Une ville disparate, une ville éclatée entre deux rives, entre plusieurs époques, entre mouvements politiques, entre une guerre récente et une paix fragile, entre ancienne tyrannie et récente démocratie. Ce n'est pas la peur du lendemain, au contraire, c'est la fierté de l'incertain, lorsqu'une fois délivré des certitudes assénées du communisme et du nationalisme, on entre soulagé dans une heureuse convalescence.

Au moment où je vais débattre avec Aleksander, débouche un petit bateau, débordant de musiciens et de convives qui reprennent en chœur des chants populaires tout en sirotant du vin blanc dans de grands verres argentés. Aleksander reprend leur chanson, et bientôt tout le restaurant répond en écho au bateau qui fait des ronds sur l'eau. Je me retrouve en plan fixe dans un film de Kusturica. « *Non*, me souffle Aleksander, *cela n'a rien d'exceptionnel. Dès qu'on ramasse un peu d'argent, pour un oui ou pour un non, pour un anniversaire, une promotion, n'importe quoi, on loue un bateau avec des musiciens et on passe la journée à boire, à manger et surtout à chanter.* » Le bateau s'éloigne, le crépuscule tombe lentement. Il n'y a jamais trop de couleurs pour dessiner ou peindre un objet, une ville ou même un après-midi sur l'eau. Nous longeons la rive, traversons le pont, remontons vers Terazije, longeons une large avenue dans laquelle Aleksander me montre deux bâtiments éventrés par les bombardements, et nous arrivons au *Jugoslovensko Dramatiska Pozoriste* où je vais voir la pièce *Bojan Stupica*.

C'est un petit bijou de théâtre qui, à 21h30, est plein à craquer. Étrange impression de voir se dérouler une dramaturgie incompréhensible, mais tout de même accessible, un peu comme cette ville trop vite parcourue, à la fois incompréhensible dans ses langues mystérieuses, et tout de même accessible dans son mouvement général, son plan d'ensemble. Une plage fermée par un mur, une vieille que je suppose avare, puisqu'elle manipule un coffre rempli de pièces d'or. Un vieux en chaise à roulettes, un prêtre – je devine qu'il est joué par un travesti –, des amoureux qui s'aiment, du moins donnent tous les signes d'un amour débutant, une mère qui tente de les séparer, un espace clos, un huis-clos. Des visiteurs, après quelques péripéties, sont entraînés vers une trappe-tombeau. Une sonnerie de cloche, un service funéraire mené par le prêtre travesti, et toujours l'impossibilité de franchir le mur qui constitue l'ultime fermeture, tombeau dans lequel les personnages sont pris comme dans une nasse. À la fin, seuls les deux jeunes amoureux arrivent à escalader facilement le mur. *Happy end.* Un spectateur situé de l'autre côté du mur, sourd à la langue, regarde donc des acteurs qui jouent à être des personnages qu'ils ne sont pas (travestis) : belle allégorie théâtrale de la Yougoslavie, ou plutôt de la Serbie, étroite plage fermée où chacun joue à incarner un personnage qui ne correspond pas ou mal à sa personne, à prendre le pouvoir, à régenter ce petit espace clos, faisant disparaître tout visiteur dissemblable dans une trappe-tombeau, et où le seul objet de passion et de fascination est la cassette remplie, je le devine, de dollars ou d'euros…

Mais est-ce le vertige serbe, ou bien toute la fiction européenne actuelle, qui est représenté par des auteurs d'une rare qualité et d'une force expressive singulière ?

Aleksander, à la sortie, m'assure que j'ai compris le dessein général de la pièce. Puis-je comprendre le dessin général de cette ville ? Rien n'est moins certain.

Pour rassembler les fils épars de la ville, dénouer les nœuds de cette pelote urbaine, je me rends dans un espace célèbre en Occident, le « Centre de décontamination culturelle » dirigé par Borka Pavičevič. On entre dans son bureau, deux signaux sont apposés qui déterminent le cheminement parcouru... Derrière son bureau, une immense carte des conflits de l'ex-Yougoslavie, et au mur la Légion d'honneur que lui a accordée le gouvernement français. Entre les deux, une femme, la soixantaine épanouie, qui nous fait voir son domaine, le pavillon Velikovic, une maison qui abrita l'ambassade d'Allemagne. Une belle demeure classique Renaissance, avec son jardin, sa salle d'exposition, son petit théâtre, ses ateliers, ses bureaux, et qui, en janvier 2005, a fêté ses dix ans d'existence. De sa fenêtre, en nous désignant le domaine, elle peste vigoureusement contre les « immeubles turbo », tout en hauteur, qui jouxtent le centre, « *contre la barbarisation de la société* », comme elle devait tonner en 1995 contre le « *régime national-fasciste de Milosevic* » en ouvrant cet espace dédié à « *la transformation d'une société tout entière contaminée par la haine, le nationalisme et les forces de destruction* ». Une action de dix ans marquée par l'organisation de plus de deux mille manifestations, pièces de théâtre, expositions, concerts, performances et interventions artistiques dans la rue. En 1995, alors que se termine la guerre avec les Croates, mais que celle de Bosnie se poursuit et que le centre est inauguré, elle édite une carte de Sarajevo, un guide de survie avec *Svadakapič* et douze radios, dans lesquelles plus de mille personnes parlent de Sarajevo. En avril, elle organise, en commémoration de la guerre, un bruitage de fusillades et de détonations qui dure toute la nuit. Bien entendu, toutes ces actions leur attirent descentes de police, confiscations d'ordinateurs et saisies de documents. Une exposition d'artistes ukrainiens est carrément fermée par les autorités, mais l'intervention de l'ambassadeur d'Ukraine la fait rouvrir. Le répit sera toutefois de courte durée. *Politika*, l'organe du parti au pouvoir, la dénonce comme « cinquième colonne ». C'est dans cette confrontation incessante avec le pouvoir en place qu'elle trouve aussi la force de se projeter dans de nouvelles actions, de nouveaux projets qui remettent en cause le régime. D'où nouvelle répression et souillure des portes du CZKD avec des croix gammées et des accusations de « trahison » à la peinture rouge. Elle réplique immédiate-ment en affirmant que le Centre n'est pas seulement de « décontamination », mais aussi de « dénazification ». Tous les collectifs artistiques mobilisés contre la guerre se sont croisés au centre de décontamination. *Led Art*, *Skart*, avec une célèbre performance dans un bus (« *Écoute petit homme ; ticket pour un orgasme* »), invite un groupe de Roms dans un hôtel où se réunit la nouvelle bourgeoisie pour un lunch, organise un projet « *Lust for life* » (désir de vivre), avec des femmes en deuil pour protester contre la guerre.

Ce qui étonne, dans cette action de plus de dix ans, c'est son ouverture à tous les champs artistiques, avec d'innombrables expositions d'artistes contemporains de l'ex-Yougoslavie, d'Albanie, aussi bien que d'autres pays européens. De la « néo-avant-garde » ukrainienne aux photographes polonais, d'une exposition simultanée sur ordinateurs (avec des artistes de dix villes européennes) aux tendances des années 90, théâtres des modernes et des postmodernes. L'autre face de l'histoire : le journal *Republica* fête ses dix ans. De la « décontamination de l'Éros » aux appels pour la paix. Des ateliers de photo et de peinture pour les jeunes avec Dragana Markovic. Une quarantaine de productions théâtrales, dont cinq ont tourné en Europe. Lectures d'ouvrages, diffusion de films alternatifs, débats sur les événements sociaux et politiques. On tente aussi d'engager une relecture des livres d'histoire, en particulier les livres scolaires... Le champ d'action est vaste, mais l'entreprise de décontamination de toute une société, si elle n'est pas achevée, a pourtant connu sa traduction politique le 5 octobre 2000 et lors des élections démocratiques qui ont suivi. À vrai dire, cet organisme indépendant des partis et des institutions culturelles officielles a cependant joué le rôle d'une maison de la culture d'opposition, dont l'objectif est bien la modernisation de la société yougoslave, lui permettant de hisser les artistes et les professions de la culture au niveau des autres pays européens. L'expérience des luttes menées et la confrontation avec le pouvoir en place leur ont donné une conscience politique incomparable et une redoutable efficacité artistique. Ce qui, après tout, est une situation très rare sur la scène artistique européenne. L'avenir du « Centre de décontamination », après les batailles politiques récentes, se joue désormais à un autre niveau : dans sa capacité à mobiliser, au-delà de son public habituel, les couches de population confrontées à de nouveaux problèmes, d'où peut toujours surgir « le monstre », car « *le ventre de la bête est encore fécond* ». Perdre ses ennemis désoriente, mais continuer le combat sur d'autres fronts peut rendre « *lust for life* », le désir de vie.

Le mot de la fin reviendra à Milena Dragicevic-Sesic, au cours d'un délicieux repas d'estomac de mouton farci dont elle m'explique longuement la recette. La ronde et lumineuse Milena, doyenne de la faculté des arts, est la référence culturelle des pays d'Europe de l'Est depuis des années. Aujourd'hui, Milena a un sourire épanoui : l'élection de Tadic, il y a quelques jours, à la présidence de la République l'a ravie, car ce n'est pas son adversaire nationaliste qui l'a été, et « *les jeunes ont choisi l'Europe* », assure-t-elle. Mais, au cours du repas, elle s'assombrit. Elle craint un changement de politique culturelle du gouvernement qui mettra surtout l'accent sur le patrimoine, ce qui entraînera corrélativement une baisse de l'activisme culturel et de l'innovation artistique et une promotion des amateurs. Belgrade, avec ses douze théâtres et tous ses festivals, déséquilibre la vie culturelle. Il faudrait la rééquilibrer profondément et combler d'importantes lacunes, comme le théâtre pour l'enfance et la jeunesse. « *Ce soir*, dit-elle, *c'est l'inauguration du festival d'été de Belgrade dont j'ai été présidente de 1997 à 2000, un festival populaire qui met en scène des aventures artistiques nouvelles, avec les artistes urbains en bas du parc de la citadelle et les autres sur le sommet de la colline...* » Puis elle sourit à nouveau en évoquant cette dimension égalitaire qui demeure en Yougoslavie et qui est encore perceptible dans tous les domaines. Par exemple, m'explique-t-elle, « *la rue du cœur ouvert* », où se trouve le « théâtre-atelier 212 ». Le restaurant près du théâtre, fréquenté par les acteurs, fête chaque 1er janvier un étrange rituel. Les acteurs, voulant faire quelque chose pour les employés, ont décidé que ce jour-là ils feraient eux-mêmes le service. Depuis, c'est devenu un événement et il faut barrer la rue où la foule s'agglutine. Et puis, dans la rue d'à côté, les commerçants organisent des ateliers pour les enfants et font venir des artistes. Belgrade revit. Belgrade fait vibrer à nouveau toutes ses potentialités et c'est bien la rue qui est le centre, la voie royale pour tout ce qui se déroule dans cette ville. J'accompagne Milena quelques pas et découvre une longue file d'attente. C'est le consulat d'Autriche. Des milliers de personnes font la queue devant les ambassades pour pouvoir quitter le pays. « *Très peu réussissent* », dit-elle d'une voix lasse. Tiens, je rencontre de nouveau le mur qui fermait la plage de la pièce de théâtre de *Bojan Stupica*. Cette fois, ce n'est plus le nationalisme serbe qui enferme, c'est l'Europe qui enferme la Serbie.

Avant de me quitter à l'aéroport, Aleksander cite encore Ljubisa Ristic, le directeur du KPGT Théâtre, qui, par idéalisme communiste, n'a pas voulu condamner le régime de Milosevic. Il voulait défendre l'« union des peuples yougoslaves » et créer un centre culturel international. À présent, il est complètement isolé, mis à l'index, et son théâtre risque d'être transformé en boîte-disco-restaurant. Aleksander, lui, va rejoindre la *London School of Economics* à la rentrée, grâce à une bourse.

Deux destins de Belgrade, séparés par une génération, comme si plusieurs villes cohabitaient dans une seule, comme si les vainqueurs et les victimes de l'histoire étaient obligés, après tant de souffrance et de tombes, à se hisser au-dessus des murs qui rétrécissent leurs espaces pour reconquérir la paix.

Aux dernières nouvelles, l'ange de la paix survole toujours Belgrade, comme une mouette rieuse survole la Save.

Bruxelles

COMMENT UNE VILLE FAIT DE SES DIVISIONS COMMUNE MOISSON

Errance dans une ville sectionnée, fragmentée à l'infini, comme si son extrême division, ses coupures, déchirures et arrachements constituaient son improbable unité, son identité fuyante. Avec dix-neuf communes et deux langues officielles, Bruxelles est l'une des trois communautés administratives de la Belgique. Comment se repérer dans ce labyrinthe mouvant de rues, de places, de langues ? Peut-on se contenter de la place de l'Hôtel de ville, du *Maenneken Pis*, de ses galeries comme emblèmes touristiques ? Du quartier Schumann comme symbole européen ? De la Place Royale et de l'Assemblée comme espaces politiques ? De l'Opéra ou du Théâtre national comme emblèmes culturels ? Le mystère plane sur une ville « sans qualités ». Entre autoroutes urbaines et églises néogothiques, qu'est-ce qui constitue le charme singulier, la couleur dominante, le rythme particulier de cette ville ?

J'inaugure Bruxelles par ses gares, son mouvement quotidien, le flux et reflux quotidien de ses « navetteurs », et la marée, plus lente, de ses migrants au long cours. La gare du Midi, à la fois temple de la modernité avec Eurostar, Thalys et les immenses buildings dédiés au *hard business*, à ma gauche, et les restaurants grecs, coiffeurs africains et autres agences de téléphone à prix réduit ou compagnies d'autobus pour l'étranger, à ma droite. Une ville-mouvement qu'il faut accompagner dans sa circulation secrète pour tenter d'en comprendre l'unité.

Je remonte donc les petites rues pavées du quartier Saint-Gilles qui jouxte la gare du Midi. Le quartier-port de tous les exclus et damnés politiques du monde. Tenter de remonter le cours du temps des migrateurs – deux siècles – pour aborder l'espace bruxellois. Je voulais saisir au plus proche cette liaison essentielle, ce qui fait lien dans la cité. J'avais pris rendez-vous avec l'une des actrices de ces paisibles liaisons bruxelloises, Mariska Forrest, peintre et animatrice des Ateliers de la Banane et membre du collectif « Alpha comme alphabétisation ». Qu'est-ce que l'alphabétisation pouvait bien signifier dans ce quartier-monde où toutes les musiques – turques, africaines et surtout américaines – se superposaient sur les terrasses fleuries, s'échappaient des voitures roulant fenêtres ouvertes ? Le ciel de Bruxelles se parfumait en rose magenta lorsqu'on me conduisit dans le sous-sol d'une maison bourgeoise, traversant une belle salle lambrissée où se déroulait en anglais une austère réunion européenne sur les *good practices* du travail social.

L'Europe obsédée par les « bonnes recettes », alors que dans les caves et les cuisines, le bon peuple, autochtone ou immigré, s'entasse et rêve à une Europe fraternelle et sociale – non, ce ne fut qu'une fugace image. Je découvre, serrés dans la cave, deux femmes et un homme assis à une table, sur laquelle trônent deux boîtes de conserve. Un peu à l'écart, Gilles et René, les animateurs photographes. Guy prend la parole le premier. À aucun moment, il ne dira qu'il est originaire de Bruxelles, mais bien de Saint-Jost, une commune de l'agglomération. Khabitou, la svelte Africaine, avouera d'emblée qu'elle vient de Guinée et Mimount de Tunisie. Alors, qui est Bruxellois ? Ils le sont tous, mais personne ne l'affirmera haut et fort. Silence. Guy reprend la parole. Normal, il est de Saint-Jost et il est costaud. Il m'initie avec un plaisir non dissimulé aux arcanes de la photographie, se saisissant d'une boîte de conserve de fruits confits pour me faire part de la beauté de la démarche...

La recette paraît d'une simplicité enfantine. Nettoyer la boîte à grande eau, peindre l'intérieur en noir mat, percer la boîte avec une aiguille de 0,5 mm, disposer d'un papier aluminium noir et d'un papier photographique. Mesurer le temps d'exposition avec un chronomètre. Plonger le résultat dans un premier bain pendant une minute et demie. Le rincer, le plonger dans le révélateur, rincer à nouveau, mettre dans le fixateur et le tour est joué. Une joie enfantine brille dans leur regard, celle de fabriquer l'appareil et de tenir dans ses mains des photos où l'on joue avec la lumière. Khabitou ajoute, songeuse: « *Le problème, c'est la lumière, j'ai mis deux ans à comprendre la lumière de Bruxelles, si changeante, si diverse.* » Mimount reprend : « *J'ai photographié le quartier, les rues, les parcs, mais j'ai seulement compris récemment comment maîtriser le temps. Trop long ou trop court, le temps d'exposition. Le temps juste. "Regarde ce visage, c'est un temps juste"...* » - « *La lumière, le temps, la boîte est magique* », lui répond Guy. « *Apprendre à voir le temps et voir la ville*, dit Khabitou. *J'ai appris à voir la ville dans un trou de 0,5 mm.* » Alors, je me tourne vers les animateurs et leur pose la question de la relation avec l'alphabétisation : déchiffrer les lettres, tracer des mots... Ils ne me répondent pas tout de suite et me tendent des gravures réalisées avec Mariska dans l'atelier de peinture, des livres de l'atelier d'écriture, des cours du code de la route et du travail effectué avec l'ordinateur. Je reste perplexe un long moment et je me souviens des paroles de Maria, une alerte septuagénaire rencontrée lors d'un séminaire de Banlieues d'Europe à Barcelone et qui faisait partie de cet atelier. « *J'avais honte*, disait-elle, *quand ma petite-fille me demandait de lui lire un livre. Au Portugal, j'ai travaillé très tôt et ici je faisais des ménages, alors j'ai sauté le pas. Ce n'est pas facile d'avouer ça. Au Collectif Alpha, ils ne m'ont pas jugée ; un sourire et j'aurais fui. Non, ils m'ont mis un pinceau entre les mains et m'ont demandé de tracer le plan du quartier.* »

Et peu à peu, je recolle les morceaux éparpillés d'une démarche très singulière. Apprendre à lire en décryptant la ville, ses icônes, ses signaux routiers, ses rues, ses cartes. Se situer dans un environnement urbain complexe avant même de déchiffrer l'alphabet. Lire les symboles de la ville avant de lire les symboles écrits. Et puis marquer son empreinte, dessiner, tracer les lignes comme on reproduit un son, un chant. Pénétrer dans les arcanes des couleurs et des lignes, se saisir des images, faire jeu de lumière et de temps dans les photos, pour aborder enfin sans complexe ces autres signes tracés, imprimés, que l'on domine par l'écriture elle-même. Gilles explique : « *Lire les images, images de presse ou de magazines, lire les photos, c'est toujours découvrir un code de l'image qui n'est jamais très loin du code écrit. Dessine les lettres, il y a une image ; dessine l'image et il y a des mots.* »

La richesse d'une ville, c'est moins ses centres d'affaires, les envolées de sa Bourse ou l'activité de ses zones commerciales que ces centaines d'actions minuscules qui, patiemment, année après année, tissent et retissent des liens avec les habitants les plus démunis, les plus précaires, les plus fragiles. Parce que, là aussi, « *le maillon le plus faible fait la force d'une chaîne urbaine* ».

En sortant de la cave, dans la tendre lumière d'une fin d'après-midi, Mariska m'entraîne sur une terrasse où elle croise la bibliothécaire, présidente du Collectif Alpha, juchée sur un vieux vélo. Elle me décrit l'histoire de quinze années de pratique. Je l'interromps en m'élevant contre cette quête aussi obsessionnelle qu'anglo-saxonne des « bonnes pratiques » que l'on reproduit de manière industrielle et qui perdent ainsi toute saveur et tout sens. Simplement parce que chaque démarche est particulière, liée à un espace et à un temps précis, et au désir d'un groupe ou d'une personne, impossible à reproduire. Je termine ma diatribe et laisse flotter dans l'air du soir la question de la dénomination. Elle me regarde étonnée.

« *Au départ*, reprend-elle au bout d'un moment, *nous constituions le Centre d'expression et de créativité des Halles de Schaerbeck, puis nous avons déménagé à Saint-Gilles.* » Le Collectif Alpha et les Ateliers de la Banane constituent deux entités séparées. « *Pourquoi j'ai choisi ce titre ?* » Elle sourit en plissant les yeux. « *Tout simplement parce que j'aime les bananes.* » Ce n'est sûrement pas une « bonne pratique » d'afficher ainsi son goût des bananes... Puis Goran Bregovic emplit l'espace d'une musique tzigane et elle évoque d'un air triste les six mois qu'elle a passés dans un camp de réfugiés bosniaques en Slovénie. La douleur des mères qui n'osaient pas avouer à leurs enfants que leurs pères étaient morts, ses ateliers avec les enfants du camp, la lente remontée, à travers écrits, poèmes ou dessins, de l'enfer meurtrier bosniaque. La fresque de quatre mètres réalisée dans le camp où était inscrite la phrase : « *J'ai une grenade dégoupillée dans la gorge, mais ne laissez pas l'extrémisme déraciner les arbres, il vous faudra toujours de l'ombre en été.* » Les dessins ont été réunis dans un livre, *Le pays qui ne s'appelle pas*, et l'exposition montrée à Saint-Gilles. Dans le crépuscule doré de Bruxelles, ces mots sonnent étrangement, comme l'acte d'accusation de l'impuissance européenne. Doucement chuchotés, ils résonnent pourtant durement dans cette ville où sont réunies toutes les instances européennes, dans ces donjons qui dominent la ville et où les discours claquent comme bannières au vent. Bruxelles, ville européenne, l'est davantage par ses solidarités assumées et par les actions aléatoires de quelques associations minoritaires que par ses lourdes bureaucraties solennelles. « *Good practices !* » Du souffle, du sens, de l'imagination, plutôt ! Lorsque l'Europe aura compris que c'est au cœur de ces démarches culturelles qu'elle se construit, alors on ne s'égorgera plus pour des problèmes d'identité, mais pour « *vivre debout à l'ombre des arbres en été* ». Je remonte la côte avec elle, puis la laisse à ses chats, à ses toiles, à sa maison.

Le lendemain, je scrute le ciel par la fenêtre de l'hôtel. Un petit crachin dru barbouille la ville silencieuse, alors que les tours se perdent dans une grisaille vaporeuse. Le clapotis et le chuintement des pneus sous la pluie suggèrent un chant d'automne. Pourtant nous sommes le 8 mai, jour béni de la *Zinneke Parade*. Celle-ci rassemble dans une grande aventure artistique et urbaine quelque cent quarante partenaires et plus de quatre mille participants pour une parade commune préparée pendant plus de deux ans. Autant dire que tout Bruxelles est dans la rue ce jour-là. Tout Bruxelles doit jurer ou prier ce matin-là. Vers midi, le miracle se produit. Le ciel accorde un répit d'une pâleur maladive, sans la moindre goutte, alors que des milliers de personnes débouchent des stations de tramway, parapluie à la main. Ce jour-là, pas une voiture ne circule et, sur deux ou trois rangs, le long du « Zinodrome » qui mène de Brouckère à Anneessens – un kilomètre tout au plus –, deux à trois cent mille personnes se mettent en place silencieusement. Un silence fébrile, tendu, tout juste brisé par un bruissement vague où l'on ne distingue plus le flamand du wallon, alors que des milliers de visages scrutent le ciel en une imploration secrète, sans rémission : le soleil ne daignera pas accorder ses faveurs. Vers 13 heures, le silence s'épaissit, la tension monte d'un cran et, à 13 h 05 très exactement, le soleil surgit au bout de la rue. Il se rapproche, rase le macadam, un soleil violent pourpre sang et or, un soleil musical de percussions de trompettes, costumé, maquillé, un soleil sur échasses, printanier, dansé, rythmé, purificateur. C'est bien entendu Saint-Gilles qui ouvre le bal avec un énorme char intitulé « Les Gardiens du temps », avec au centre un soleil fleuri qui se balance lentement, tandis que deux acteurs se déplacent dans une roue à écureuils. Pendant trois heures, un débordement ensoleillé de corps, de chants, de rythmes et de musique, puisque « le corps dans la ville » est, cette année, le thème du parcours. Il faut dire que les corps maquillés, masqués, costumés, s'en donnent à cœur joie. « Les Sept péchés capitaux » et « Les Sept vertus capiteuses » se lancent dans la foule, tandis que « La Rébellion des statues » exhibe des têtes de vaches et que « La Splendeur des corps perdus » balade des immeubles sur roulettes. D'immenses oiseaux échassiers dévoilent à leurs pieds des « corps sociaux » en équilibre instable sur leurs monocycles. Les tribus des « Fol'oxygens » reprennent la légende indienne de Pacha Mama, sans compter « Le Peuple à la valise », véritable éclat de couleurs, ou les dômes fragiles de « Mobigloo », qui protègent des « personnages-cité » avec des airs « hafrabra » (pour harmonie-fanfare-*Brass Brand*). Des rythmes nord-africains, de jazz, de musique contemporaine, se mêlent aux « Marcheurs d'air » qui se remplissent d'oxygène et actionnent des tuyaux d'orgue. Mais comment conter ce déferlement de dizaines de groupes, qui articulent une dramaturgie, des musiciens, des chorégraphies, des constructions diverses, un vrai propos, une réflexion sur la ville mise en forme, en son, en couleur, sans écrire tout un livre sur chacun, sans lui rendre justice pour son travail et sa réflexion collective ? L'ensemble est une ville, ou plutôt le négatif imaginaire et créatif d'une ville. Une ville en marche, qui se donne à elle-même, qui s'offre une formidable image de ses potentialités, de sa diversité et de sa cohésion. Ou comment, de ses divisions linguistiques, administratives, culturelles ou ethniques, Bruxelles fait ce jour-là son miel et sa magnifique moisson.

À dix-sept heures, les groupes regagnent leurs quartiers, car la parade se prépare dans chaque quartier, pépinière d'initiatives locales qui, au jour « Z », se réapproprient la ville. La ville est de nouveau livrée aux voitures alors que, durant la parade, les moteurs à explosion et les sonos sont interdits, totalement bannis. Les fêtes vont se prolonger tard dans la nuit. Une brise tiède balaie lentement les trottoirs que les balayeuses municipales nettoient à grande eau.

Je croise un grand escogriffe qui s'appuie contre un mur, juché sur ses échasses. Il hurle : « *Je suis triste, c'est déjà fini...* » Une petite mamie lui tend un bock de bière. « *Mfi*, lui glisse-elle dans son wallon chantant, désignant la rue, *Mfi, tu sais, tu m'as fait pleurer quand j'ai vu tout ça... C'était si beau, c'était encore mieux que la dernière fois. Quand je pense que c'est peut-être la dernière fois que je vois ça !* » Alors le grand escogriffe défait ses échasses, la prend dans ses bras et ils pleurent tous les deux, accompagnés par un groupe d'accordéons qui jouent un air de samba...

Ce n'est que deux mois plus tard que je rencontrerai Marcel de Munnynck, le directeur général de la *Zinneke Parade*, dans son bureau de la place de Brouckère, en tentant de lui arracher les bribes de cette aventure bruxelloise. À travers sa modestie souriante, une élégance de cœur et des gestes précis, je comprends lentement que cette aventure d'une créativité artistique exemplaire, qui paraît sourdre spontanément du tissu urbain, repose en réalité sur une organisation d'une force incomparable qui mêle artistes, associations, structures culturelles et écoles dans un même mouvement. Un effort commun soutenu à la fois par la Région Bruxelles Capitale, la communauté française et la communauté flamande. Cette volonté d'associer au plus large, de transgresser les frontières linguistiques et culturelles, je la retrouve dans le parcours de Marcel, dont la vie constitue le parfait témoignage d'une biographie militante belge. D'origine modeste – père chauffeur de taxi, mais grands-parents comédiens (« *Diseurs de voix* ») –, élevé dans le quartier populaire de Forest, Marcel entreprend des études réussies de biochimiste, en même temps qu'il édifie la première Maison des jeunes du Royaume à Forest. Il est associé à Crombeer, qui animera pendant plus de vingt ans les Halles de Schaerbeck. Il enseigne aussi, mais choisit très vite de partir en Algérie, au service de l'éducation d'un pays en pleine utopie socialiste. À son retour, il reprend et ranime la Maison des jeunes de son adolescence. Il passe par l'Atelier-théâtre de Louvain-la-Neuve, où il est chargé des relations publiques. Dirige le Foyer culturel de Wattrelos, où il organise une approche du Surréalisme belge, passe quatre ans au « Botanique », l'exemplaire centre culturel de Bruxelles, puis dirige le Centre Jacques Franck à Saint Gilles, avant de siéger au Conseil régional de Bruxelles-Capitale en tant qu'élu indépendant chargé de la culture. C'est au moment où Bruxelles est candidate pour devenir capitale européenne de la culture en 2000 que l'idée d'un projet culturel de quartier croisant le sociétal, l'éducation, l'art et la culture prend corps. Le projet devra nécessairement surmonter la fragmentation bruxelloise (un million d'habitants et dix-neuf communes dans lesquelles les services de police, de propreté, etc., défendent jalousement leurs prérogatives). L'idée émise alors par Marco Popovitch est celle d'un « Carnaval des identités » de Bruxelles. Alors que le centre-ville prend la forme d'un pentagone, la première couronne rassemble les ensembles les plus paupérisés. C'est à la jointure de toutes ces réflexions, lors d'un séminaire de Banlieues d'Europe et à l'occasion d'une rencontre avec David Boyd, que germe l'idée d'une grande parade des quartiers qui s'approprierait le centre-ville. Mais ce projet, il fallait le nommer, le porter sur les fonts baptismaux. Le cours d'eau qui traverse la ville, la Senne, à présent complètement recouverte et canalisée, servit d'abord à se débarrasser des détritus, et en particulier des chiens bâtards qu'on voulait noyer. Mais les bâtards étant plus résistants que les chiens de race, ils survivaient. La Senne se dit *Zenne* en flamand et la petite Senne *Zinneke*, qui personnifie l'habitant de Bruxelles, un mélange de plusieurs origines et cultures. Désigner ainsi un « bâtard », c'est témoigner de cet esprit corrosif et d'autodérision qui signifie simplement que la ville est au croisement de plusieurs identités. Ainsi s'organise, en 2000, la première parade rassemblant centres culturels, centres de jeunes, écoles, associations, avec une dizaine d'artistes, chorégraphes, musiciens et quatre mille participants. Les organisateurs de la capitale culturelle et leurs manifestations artistiques « élitistes » ne croyaient guère à cette action et la considéraient avec condescendance, mépris et quolibets.

Mais il fallut se rendre à l'évidence, ce fut un grand succès qui se répète, depuis cette date, tous les deux ans, selon un rituel d'une grande rigueur et une organisation d'une grande précision. Six personnes assurent la coordination générale, tandis que France Gilmont anime la coordination artistique des seize artistes engagés dans l'aventure. Cinq pôles et neuf structures fonctionnent en permanence et découpent l'agglomération en zones géographiques, les « Zinopoles ». Chacun d'entre eux dispose d'au moins un permanent chargé de la coordination des ateliers de musique, danse, scénographie, qui fonctionnent toute l'année selon un calendrier d'une précision toute ferroviaire. Zinneke se penche sur son passé, tâte, évalue ses manques et ses capacités pendant les six mois qui suivent la parade.

Puis Zinneke se penche sur son lointain avenir, laisse flotter les idées et démarches – et surtout remplit force dossiers pour assurer ses finances pendant le semestre suivant. On arrive alors au tournant. Les idées sont à dessiner plus précisément, à sélectionner ou à écarter. Et c'est enfin le semestre final, celui où l'on cloue, soude, répète à tours de bras pour être au « top » ce jour « Z »-là. Zinneke est convivial, il a tendu la main à Kinshasa, collabore étroitement avec le Défilé de Lyon, sans compter Bologne qui veut rejoindre l'Europe des parades et des événements urbains. Fête de tous les Bruxelles, fête d'une création partagée, fête des quartiers et d'une ville en mouvement. Zinneke est peut-être un peu plus ou autre chose qu'une récitation de slogans prometteurs. Tout simplement l'émotion, la brutale et irrépressible émotion qui vous noue la gorge, d'une manière fugace et incompréhensible. Un geste, l'irruption soudaine d'une chorégraphie, la beauté modeste d'un costume, le rythme d'un groupe de percussions. Est-ce l'émergence absurde, dans nos sociétés régulées à l'extrême, d'un geste gratuit ? Ou bien est-ce la rupture d'un tabou, le surgissement soudain d'une autre ville dans la ville, d'une volonté de « faire ville » ? Impossible à dire. Peut-être est-ce simplement que cette performance rayonnante sait rester modeste. Que les dirigeants, les animateurs, les participants, ne se poussent pas du col, ne prennent pas la grosse tête. Peut-être le désir de partage, d'association et de convivialité est-il plus fort chez eux que toutes les performances artistiques qui nous obsèdent tant ici ?

Qu'est-ce qu'une ville dans les traverses d'une grande fête qu'elle s'offre à elle-même ? Qu'est-ce qu'une ville « réenchantée » ? C'est surtout une ville qui ne le sait pas ou, le sachant, n'en dit rien, se contentant de vivre sa diversité. Une ville réenchantée est une zone franche, une ville en capacité de se laisser bousculer par ses habitants « déchaînés », en ce sens précis que se manifeste cette occasion organisée de briser les chaînes de l'enfermement urbain contemporain. Des chaînes qui clôturent et privatisent l'espace, qui segmentent le temps à l'infini en transports et déplacements, qui paupérisent à la fois leurs ressources et la force de leur imagination. En ce sens, le Défilé de Lyon, le Carnaval de Belfast et la *Zinneke Parade* nous offrent les prémices d'une ville revisitée, ouverte enfin à l'imagination, au désir et au plaisir d'un espace et d'un temps partagé, celui de la cité.

Qu'est-ce qu'une ville ? Une fiction politique ou administrative ? Plutôt une conversation ininterrompue entre ses habitants, une lente digestion, assimilation de ses divisions et segmentations. Lorsque les regards ne s'attachent plus aux marques de distinction de la couleur de peau ou à la forme des habits, lorsqu'ils glissent sur le voile, le turban, l'accent, sans le moindre étonnement.

Qu'est-ce qu'une ville ? C'est le renoncement assumé à toute proclamation agressive d'identité. Lorsque la ville peut respirer en ses confluences, mouvements et migrations. Laisser la ville se faire, se construire avec sa propre sève, sans pompe ni discours. Avec ces minuscules actions et ses grandes manifestations. Alphabétiser la ville et l'honorer par le grand souffle de l'imagination et de la diversité de ses habitants.

BRUXELLES

À la fin du cortège de la Zinneke, trois grosses Nigérianes revêtues d'un drapeau, tirant une poussette avec un bébé maquillé en blanc, nous disent spontanément la même chose : la ville nous appartient et nous appartenons à la ville.

Glasgow

SUR LES QUAIS DE GOVAN

C'est triste, Govan sous la pluie, dans la lumière blafarde d'une fin d'après-midi, dans ces longues et larges rues grises qui semblent inhabitées. Les caméras de la police ronronnent aux sommets des mâts implantés aux carrefours, où seuls les autobus rouges dessinent des taches colorées, et soudain, nous nous arrêtons à un croisement, devant un magasin totalement rénové, qui sent encore la peinture fraîche, décoré de vitraux contemporains et de carreaux de céramique peints par des artistes. Le *Drop in Center*, centre artistique et communautaire. Une salle d'exposition parfaitement mise en valeur une salle plus ancienne où les ordinateurs sont à la disposition des *non-working people*, c'est-à-dire les chômeurs, les retraités, les écoliers. C'est clair, lumineux, engageant. Nous traversons la rue et entrons dans un *coffee shop* qui ouvrira dans trois jours. Pub traditionnel, *cosy*, confortable. Voilà deux espaces qui répondent à la désertification commerciale et aux souhaits exprimés par les habitants. Un retraité, qui a travaillé à la confection des meubles du *coffee shop*, lâche : « *L'ouverture d'un café, c'est un signe d'espoir. J'espère seulement qu'ils ne vont pas tout casser, j'ai eu tellement de mal à faire les chaises !* » Ronnie, né à Govan, est lucide : « *Presque tous les magasins ont fermé à Govan Cross, et ouvrir ce café, c'est positif. Mais il n'y a plus le même sens de la communauté ; la semaine dernière, la fête du quartier n'a pas attiré grand monde.* » Mais Nancy Mac Larnow, 82 ans, poursuit : « *Le café ne va pas changer ma vie, mais il peut la rendre plus légère. J'ai déjà dit à mes copines que je vais surfer sur les ordinateurs du* Drop in Center... » Deux petites lumières vacillantes dans les profondes ténèbres post-industrielles.

Demi-tour. À quelques centaines de mètres, le *Galgael Trust* rassemble, dans une étroite galerie, un amas d'objets traditionnels, bateaux, blasons, sculptures en bois. Colin Mac Leod, l'animateur de l'association, nous serre vigoureusement la main et nous offre le thé sur une longue table en bois encombrée de documents. Large barbe fleurie, il vitupère contre le conseil municipal qui veut vendre les terrains situés au bord de la Clyde à des promoteurs privés, alors que lui, mille millions de sabords, qui s'échine à apprendre à des jeunes ou moins jeunes les beautés secrètes des métiers d'antan, charpenterie et menuiserie, lui qui veut relier ce peuple qui erre sans but, sans boussole, aux traditions et aux savoir-faire pourtant anciens, lui qui réclame seulement un bout de terrain au bord de la Clyde pour y construire en souvenir du chantier naval, une barque traditionnelle et un *long house* ancestral, on lui refuserait cela ? Pour seulement engranger quelques poignées de livres sterling ? Non, non et non, il ne se laissera pas faire.

« *Reclaiming the Land* », rendre la terre, en faire un bien à l'usage de la communauté. Lui le barde qui veut – comme dans la légende – réunir le clan, le peuple, pour se dresser contre le sort injuste, lui obtiendra la restitution des terres et construira le bateau commun, la maison commune. En nous quittant, il ajoute : « *Nous ne nous définissons pas seulement par nos actions, mais surtout par nos oppositions.* »

La preuve immédiate en est fournie au *Kining Park Center*, une école primaire que la municipalité voulait fermer. Vingt-deux femmes ont organisé l'occupation du bâtiment pendant cinquante-cinq jours pour obtenir qu'il soit mis à la disposition de la communauté tout entière. Qui peut résister à des femmes écossaises en colère ? La municipalité a plié, mais n'a accordé aucune subvention au projet, qui ne survit que par les recettes de la location réclamée à ceux qui utilisent les salles. Au rez-de-chaussée se trouve une halte-garderie où déambulent les familles immigrées. Au premier est installé un studio de réalisation multimédia. Au second étage, on trouve une salle d'activités de fresques et de peintures. Et au troisième, des ateliers pour les artistes qui animent le premier et le second étage. « *Roots in the Community* » (Racines dans la communauté) propose des expositions d'Art Brut, accueille des artistes en résidence et organise un festival au mois de juin. L'utopie fondatrice : une grande et belle académie des arts, fréquentée par les enfants, les familles immigrées et les habitants du quartier.

Le grand souffle destructeur qui a balayé Govan, ce désespoir muet des espaces industriels en friche, a permis la croissance du chiendent urbain déjà catalogué ailleurs. Mafias, rackets, délinquance, alcoolisme et drogues diverses. Mais il a aussi nourri un cri de révolte, celui des femmes de Kinning Park, celui des bandes de *Galgael Trust*, métamorphosés par *Fablevision* en une construction positive par la réouverture de magasins, le *Drop in Center* et le *coffee shop*. Énergie négative et actions positives, un contre-pouvoir urbain et citoyen face à la grande vague néolibérale qui engloutit Glasgow – la rentabilité financière et la livre sterling comme seules valeurs communes.

Royston Road

Royston Road : prononcez *East End* de Glasgow et traduisez par « la fin à l'Est ». Fin du chantier naval, de l'usine à gaz, de l'école, d'une épopée ouvrière. Vieille misère et jeune misère se croisent. Vieille misère ouvrière des bâtisseurs de paquebots. George Gillepsie, 61 ans, charpentier : « *On était si pauvre qu'on ne fermait jamais la porte à clef, car il n'y avait rien à voler. On était désespérément pauvre, mais on ne le savait même pas, car tout le quartier pataugeait dans la même misère. C'est à dix-sept ans que j'ai pu acheter mon premier costume.* » Vieille misère des taudis et des courées ouvrières, sans confort, tellement ruinées qu'il a fallu les reconstruire. Sur les deux mille habitants de la zone dévastée, seuls quatre cents ont été relogés dans le quartier, dans de pimpantes maisons en brique rouge. Puis est venue la déferlante, l'irrésistible épidémie de la nouvelle peste urbaine : la drogue. La jeune misère, faucheuse de jeunes vies éteintes par *overdose*, décime le quartier. Des vies en souvenir desquelles le pasteur Russell Mc Clarty plante des arbres. « *La police a perdu la bataille,* estime George le charpentier, *car de nombreuses familles comptent des enfants drogués et beaucoup de gens ne se sentent plus en sécurité.* » Nouvelle misère : le chômage. Maria Stewart, qui habite le quartier depuis plus de quarante ans, le dit simplement : « *La moitié de mes voisins ne travaillent pas et beaucoup de jeunes femmes sont filles-mères. On a tout à perdre lorsqu'on a perdu son travail.* » Au loin passe une puissante Mercedes, marque de la nouvelle pauvreté, celle des gangs et des mafias locales qui « tiennent » le quartier. Lors de la construction du parc, il a fallu donner huit cents livres au caïd local pour prévenir les vols de matériaux et protéger les travailleurs qui réalisaient le parc. Le pasteur ajoute : « *Je n'ai jamais vu autant de belles femmes réunies dans mon église, autant de puissantes voitures à l'entrée, autant de tombereaux de fleurs que lors d'un service funèbre pour un membre de la mafia.* » La maison du « Boss », tout le monde la connaît. Une élégante villa entourée d'un petit parc arboré, car ces puissants patrons sévissent partout où ceux de l'industrie ont disparu. Vieille misère plus jeune misère égale filiation des misères populaires, alors que dans la périphérie se dressent des tours de quinze étages où de nombreux appartements sont réservés aux réfugiés d'Afghanistan, du Kurdistan, de Somalie – terres d'exil, de misère du monde entier. *East End*, ou la fin d'une épopée ouvrière, d'une époque. Du passé faisons table rase, quant à l'avenir... Seuls les visionnaires, ceux qui tissent les fables, contes et fictions d'un possible lendemain, peuvent redonner le goût de l'action collective. *Fablevision,* donc : séquence deux, premier plan.

Un clocher se dresse fièrement dans un quartier d'habitat social. La *Royston Hill Church*, plan large panoramique. Le clocher domine le quartier et Glasgow s'étend en contrebas. *Town Head Spire*, le clocher du sommet de la colline, d'une vieille église désaffectée qui menace ruine et qui, pourtant, constitue le signal symbolique du quartier. Troisième plan. En 1997, la municipalité décide de raser l'ensemble. Quatrième plan. Un collectif d'habitants se réunit à la dernière minute et tente par tous les moyens de garder le clocher « au milieu du village ». Cinquième plan, dit « de l'indignation et de la colère », où l'on voit un artiste écossais très connu brûler une croix de bois devant l'église. Plan numéro six. L'information est reprise par le journal télévisé national. Le clocher est sauvé. Fin de la séquence... Mais le clocher est sauvé à condition de l'entourer d'un parc public. Qu'à cela ne tienne ! La mobilisation se poursuit : une porte s'est provisoirement ouverte, alors déferlent les projets. À l'autre bout du quartier, à un *mile* de là, le *Molindar Community Council* s'embrase à son tour et décide, lui aussi, de construire un parc pour bénéficier d'un espace central. Les deux projets se coalisent pour former le *Royston Road Project Company*. Il faudra cinq ans d'une lutte tenace pour faire aboutir les deux projets, contre l'incessante affirmation que les citoyens mobilisés « perdaient leur temps », que « les parcs seraient dévastés avant d'être aménagés », des magasins, écoles, centres civiques et beaucoup de voitures ayant déjà brûlé dans le quartier. Et puis on avait déjà tellement promis à ces habitants qui ne voyaient rien venir, que mobiliser une fois de plus les bonnes volontés tiendrait du miracle.

Et le miracle a eu lieu, grâce à six résidences artistiques qui ont su associer vision, fiction et association avec les habitants. Steven Healey est entré de plain-pied dans les réseaux locaux en proposant un projet où il photographierait les chiens et leurs maîtres dans l'environnement de Royston Road. Une vaste collection de très grandes photos est exposée en permanence dans le bâtiment sur lequel s'élève le clocher, *The Rainbow Hall*. Jessica Hart a écrit avec les habitants *Vanguard Romance*, histoires à la recherche du romanesque dans un environnement urbain. Paul Carter a collecté avec les jeunes du quartier des messages qui sont envoyés dans l'espace, vers les satellites ; quand une réponse parvient au récepteur installé sur le clocher de l'église, elle s'illumine en rouge. Il y a aussi *Radio Tuesday*, animée par trois artistes qui ont créé une radio locale, *Bolt FM*, avec les jeunes du quartier – elle continue de fonctionner. Eddie Lad a lancé un site Web avec possibilité de diffusion télé, intitulé *Cutz Royale* : il réunit dans un même programme des rappels historiques sur le quartier, les performances de l'artiste et une plage d'information sur les activités des associations. Scott Myles s'est installé dans la bibliothèque où il a repris le slogan commercial « *We belong to you* »

(Nous vous appartenons). Après toute une recherche sur les mouvements de révolte ouvrière au XIXe siècle, il a proposé de créer un espace calme où l'on pourrait consulter les ouvrages et documents sur les mouvements radicaux des années 1816-20. Mais la direction des bibliothèques publiques a refusé le projet, qui ne verra donc pas le jour. Jackie Werr a proposé la plantation d'arbres et la création d'une rose spécifique nommée « *When The Heart Is* » (Quand le cœur y est), après un concours lancé dans le quartier pour trouver un nom à cette fleur diffusée dans le monde entier. Une équipe de paysagistes (Toby Paterson et Graham Fagen, qui travaillent avec *Loci Design*) a entrepris la réalisation des deux parcs en associant étroitement les habitants. Enfin, les 12 et 13 décembre 2001, les parcs ont été inaugurés.

Juin 2004. Sous un pâle soleil qui a du mal à réchauffer l'atmosphère, nous sommes assis sur une pierre circulaire au beau milieu du Molindar Park, en compagnie de Maria Stewart et d'Annie Gallagher, habitantes du quartier depuis plus de quarante ans, qui se sont engagées à fond pour la création de ce parc. Nous sommes accompagnés du pasteur Russell Mac Clarty, la figure rayonnante et militante de ce quartier. Le parc est magnifique, une cascade et un ruisseau traversent de molles ondulations de terre, mais Maria me désigne les graffitis d'un blanc sale qui s'étalent sur les pierres, les ponts, le mobilier urbain. Elle pousse un long soupir, tandis qu'Annie se tourne vers l'école primaire qui borde le parc et qui va fermer cette année, tout en me désignant un terre-plein où s'élevait le centre social qui a brûlé. Et soudain, après un long silence, Maria dit : « *Vous savez, nous sommes comme des phénix, nous renaissons toujours de nos cendres, et nous ne laisserons personne dire du mal de ce quartier, nous y sommes viscéralement attachées.* » Les gangs, la drogue, les castagnes, elles connaissent. « *Mais je peux vous dire que nous ne baisserons jamais les bras.* »

Mères-courage de 69 et 71 ans, ce sont ces figures admirables qui forment les seuls repères encore à l'œuvre dans ces quartiers ; l'expérience de la lutte, de la résistance, de la volonté de vivre, au-delà de toutes les forces de mort coalisées. Russell, le pasteur, est engagé avec elles dans tous les projets, mettant ses locaux à la disposition de tous, sur la brèche en permanence. Respecté aussi bien par les Catholiques irlandais que par ses propres ouailles. Ce qui frappe chez cet homme, c'est son sourire. Il est habité et il habite, il déploie toutes les ressources pour faire advenir cette terre où il vit, croyances religieuses et profanes mêlées.

Russell est implanté depuis dix-neuf ans à Royston Road. Il a d'abord étudié l'architecture à Edinburgh, puis travaillé dans un cabinet d'architectes, avant de changer complètement d'orientation et d'étudier la théologie à Glasgow. En 1984, il a choisi lui-même le ministère de Royston Road et la *Saint-Paul Parish Church*. Il s'est totalement investi dans le projet de Royston Road qu'il préside. « *C'est un processus sans fin*, explique-t-il. *Dégradations et reconstructions se suivent. Cela prendra probablement plusieurs générations avant qu'une véritable transformation durable ne s'installe.* » En attendant, il monte sur scène pour le *Rainbow Festival* (Festival Arc-en-ciel) qu'il a organisé avec les enfants des écoles du quartier et à l'occasion d'innombrables ateliers contés. Avec lui, nous entrons dans un pub irlandais tenu par la mafia locale. On le salue avec déférence et le patron, la cinquantaine, visage balafré d'une longue cicatrice, vient s'enquérir des étrangers qui ont pénétré dans l'établissement. Enquête faite, il s'écrie à propos du pasteur : « *He's a good guy !* » (c'est un brave type), puis s'en retourne dans son arrière-boutique. Ces femmes et ces hommes ont le cœur bien accroché et une détermination sans faille. Dans la cendre des écoles, des centres sociaux détruits, des voitures brûlées et des abribus brisés, ils recommenceront toujours à reconstruire, « *renaîtront de leurs cendres* » et prendront leur envol pour de nouvelles aventures, de nouveaux projets.

À Paisley, un cinéma renaît de ses cendres

Commune périphérique située au sud de Glasgow, Paisley est une charmante cité dans laquelle les usines textiles, situées en plein centre-ville, ont fermé depuis des décennies et ont été revendues à des promoteurs privés. Avec Liz Gardiner et Martyn Robertson, nous avons rendez-vous au *Glane Cinema Project.* Un rendez-vous avec une tragédie. Le 31 décembre 1929, le *Glane* proposait un western, *Desesperado*, avec des centaines d'enfants dans la salle. La pellicule prit feu brusquement et ce fut la panique : les grilles étaient fermées et vingt-six enfants périrent écrasés, quarante autres étant grièvement blessés. Depuis cette date, le cinéma est resté fermé. Nous passons par un magasin de meubles, escaladons les gravats pour pénétrer dans la salle, qui est exactement dans l'état de 1929. Moulures aux plafonds, appliques aux murs, mosaïques au sol, le bâtiment date de 1880. *Fablevision* et *Paisley Developpement Trust* se sont ligués pour racheter le cinéma et le transformer en une salle Art et Essai, comportant un centre de formation vidéo pour les jeunes, pour donner une dynamique culturelle au centre-ville désertifié. Mais comment trouver les 500 000 livres nécessaires ? Le conseil municipal était réticent. Alors l'association a réalisé des fouilles sur place, puis a organisé une exposition sur le *Glane Cinema,* avec projection des interviews des personnes ayant assisté à la tragédie et présentation des pauvres reliques trouvées. Des animateurs ont parcouru les maisons de retraite et les centres de jeunes pour confronter l'expérience du cinéma qu'avaient les uns et les autres : la séance de cinéma d'antan et celle, plus récente, des multiplexes et de leurs jeunes visiteurs à pop-corn. Réenchanter la ville en mettant en valeur les traces patrimoniales, en recréant ou en regagnant des espaces collectifs, c'est l'idée. Piero Pierralini, l'imposant patron du restaurant italien situé sous le pont de chemin de fer, qui préside le *Paisley Development Trust*, donne le mot de la fin : « *Quoiqu'il arrive, nous tiendrons bon, et nous convaincrons le conseil municipal de la justesse de notre vision d'avenir de la cité.* »

« *Tenir bon !* » Mais à quoi se « tenir », justement, dans cet immense champ de ruines industrielles : usines textiles fermées, chantier naval abandonné, quartiers désertés aux commerces disparus. Plus grave encore, dans ce paysage de désolation issu d'une guerre économique perdue, une culture ouvrière ancestrale, laminée par la « Dame de fer » et ses successeurs travaillistes qui prônent les nouvelles technologies et les services à bas prix. L'immense résignation d'une population entre bière, football et TV. Des petits vieux, d'anciens prolos au chômage, marmonnant des mots sans suite devant leur cinquième bière de l'après-midi, qui sera encore longue avant la première série télévisée ou le match de foot de la soirée, tandis qu'un jeune chômeur tatoué se trémousse en s'accrochant au comptoir et que le barman pakistanais lave les verres. La misère ordinaire d'un quartier populaire. Du passé ou du présent meurtrier ? Effaçons cette image honteuse. Glasgow possède un centre-ville rutilant, des commerces luxueux, une vie culturelle intense. Ne fut-elle pas capitale européenne de la culture en 1999 ? Ne conserve-t-elle pas cette précieuse image ? Un centre culturel très actif, « *The Tramway* », existe. Très juste. Mais comment oublier la destruction, le passé gravé dans les murs ?

Quelques admirables figures de militants déterminés, quelques projets témoignent d'une généreuse solidarité. Peuvent-ils faire oublier le reste ? *Fablevision*, une compagnie de théâtre itinérante, tente de fédérer toutes ces démarches depuis 1984 avec un « large champ visuel » et une imagination fabuleuse, mais de pauvres moyens. Et pourtant, ces quelques démarches révèlent un esprit de résistance, une foi infaillible dans une action solidaire et collective. Les signes ténus d'une renaissance possible. Glasgow la meurtrie, ville défaite, projette ses visions d'avenir croisées. Celles qui sont engagées à partir de la sauvegarde du clocher de la *Royston Hill Church*, du *Glane Cinema*, du *Galgael Trust* de Govan : du passé, ne faisons plus table rase ; reconstruisons, à partir de nos traces patrimoniales, un avenir plus collectif, plus convivial, plus humain... Celles qui se déploient dans une dimension plus environnementale (Molindar Park, Spire Park) : reconquérir la nature, refaire paysage collectif en opposition aux promoteurs privés. Celles, enfin, qui s'évertuent à recréer du lien social, du commerce entre les hommes, quand tous les commerces ont disparu (*Drop in Center* et *coffee shop*). Entrecroisées, superposées, ces visions témoignent surtout d'un souffle de révolte contre la toute puissance de l'idéologie néolibérale qui sévit à Glasgow. Mais personne n'ira formuler un discours politique. Seulement des actions concrètes et limitées, des avancées modestes pour contrer la domination du secteur privé, au nom de l'intérêt général, du bien commun, premier sens du mot « *community* ». Un fragile contre-pouvoir démocratique. Comme à Vienne, l'heure n'est plus aux déclarations politiques tonitruantes, mais à de véritables projets culturels pour faire advenir une nouvelle cité dans la ville actuelle, livrée à la triste désolation de la mort industrielle.

La question du « réenchantement » de la ville ne se pose pas à Glasgow. Il faut plutôt lire ces projets comme d'ultimes tentatives désespérées pour faire reculer le malheur et témoigner malgré tout d'un désir de vivre, de conjurer le sort et la mort. Et d'affirmer malgré tout cette capacité humaine de rebondir et de « toujours renaître de ses cendres ».

Francfort

LES FAUCONS PLANENT AU-DESSUS DE FRANCFORT

Avec Daniel Rottner, nous buvons en silence à un kiosque de la Mainzerlandstrasse, dans le quartier Gallus à Francfort. Les SDF, cannette en main, parsèment la place de taches colorées. Un vieux, la barbe en bataille, interpelle Daniel sur l'avenir du monument qui se dresse au milieu des arbres, *Living Stone* (la pierre vivante), réalisé par des sculpteurs allemands et français au milieu des habitants et qu'ils ont vu se transformer peu à peu depuis le passage du siècle. Gravée au pied du monument, la phrase « *NICHTS BLEIBT WIE ES IST* » (rien ne demeure identique). Paradoxe d'une œuvre de pierre, qui pour le moment, après une dernière intervention d'un sculpteur français, David H., représente un « Atlas » monumental portant des immeubles collectifs. Daniel, dans la douceur ensoleillée de cette fin d'après-midi, me donne la clé de son projet. « *Année après année, la pierre sera travaillée jusqu'au moment où ne subsistera plus qu'un mince écran minéral, jusqu'au moment où elle disparaîtra.* » C'est la force et la singularité d'un projet situé au cœur d'un quartier qui s'est rapidement métamorphosé, entouré et surveillé par des hommes-sacs-plastiques-et-chiens-sur-les-bancs qui entourent cette œuvre en voie de disparition.

« *Nichts bleibt wie es ist* » : une phrase-clé dans ce quartier ouvrier où l'usine Adler (l'aigle), qui produisait des machines à écrire, vélos et voitures, était passée de huit mille ouvriers en 1970 à moins de trois cents dix ans plus tard, avant de fermer définitivement ses portes à l'orée des années quatre-vingt-dix.

Parcourir l'Europe aujourd'hui, c'est presque toujours traverser un champ de ruines industrielles. À Francfort, le contraste est particulièrement frappant entre une cité financière en pleine expansion et une accumulation de friches industrielles en plein abandon. Comment se débarrasser de cadavres industriels aussi encombrants ? Très simple : démolir, reconstruire. Au prix du mètre carré, c'est toujours une bonne affaire pour les banquiers, dans leurs tours de verre fumé du centre-ville. Pour faire passer le projet, on prévoit des logements sociaux pour les socialistes, des espaces verts pour les... Verts et des bureaux d'affaires pour les libéraux : le programme est adopté et tout le monde est content.

Mais les réalités humaines sont complexes et elles mettent souvent en échec les programmes urbanistiques et politiques les plus rationnels. Est-ce l'adjoint au « *multikulti* », le pluriculturel Cohn-Bendit, ou tout autre élu social qui veut privilégier l'attribution des logements sociaux aux migrants venus des pays de l'Est, Allemands par le droit du sang, au détriment des immigrés Turcs ou

Marocains ? Les premiers ne parlaient pas la langue de Goethe, mais portent des traces allemandes dans leur code génétique, les autres non. Il a fallu plus de dix années d'un long conflit pour qu'ils comprennent qu'ils partageaient la même misère, le même chômage.

C'est dans ce quartier ouvrier construit dans les années trente selon les préceptes du Bauhaus, à forte coloration socialiste – même pendant la période nazie, où on le surnommait *Rote Block* (le Bloc rouge) –, que Daniel Rottner dirige la *Jugendkultur Werkstatt Falkenheim* (l'Atelier culturel de la jeunesse « Les Faucons », anciennement appelé Maison des jeunes socialistes de Gallus, créé en 1904). Mais les « faucons » se sont envolés et des ateliers de théâtre, de dessin, de peinture et d'impression pour les jeunes du quartier remplacent les vifs débats politiques d'antan. « *Nichts bleibt wie es ist.* » Daniel est là, assis en face de moi pour en témoigner. Avec ce sourire timide et cette pointe de tristesse propres à une génération d'Allemands nés après la guerre, il me retrace un itinéraire complexe. Son père, surpris par la guerre en Afrique du Sud, revenu en 1944 grâce à un échange de prisonniers, fuit très vite Berlin avant la chute finale. Avec ferveur, il me parle de ce père peintre et interprète. De son enfance pauvre dans la banlieue de Francfort, au milieu des réfugiés et des ouvriers. De cette maison ouverte à tous, de l'odeur des choux, de son passage au lycée, où il édite le journal de l'école et commence (déjà) à contester la rigidité du système scolaire de l'époque en prônant la « participation ». Le journal s'intitule « *C'est notre école* ». Au prof de français, il propose d'étudier

Boris Vian et au prof de religion (car, en Allemagne, le professeur de religion fait partie du corps enseignant), il suggère d'évoquer la guerre du Vietnam, la pilule anticonceptionnelle, la théorie de la sexualité chez Freud, et de s'exprimer sur la bombe atomique ! Beau programme, emblème d'une génération allemande en pleine révolte contre les pères coupables de génocide et dont la lutte anti-autoritaire devient le programme politique, convergeant à l'université avec le mouvement contestataire étudiant. Il étudie la pédagogie, passe par les Amis de la Nature qui avaient constitué des « groupes de base » pour critiquer l'école et étudier Marcuse, Habermas et d'autres philosophes pendant de longs séminaires d'été à Korçula, une île yougoslave où ils n'allaient même pas à la plage. C'est dans ce contexte politique qu'il croise les « faucons étudiants » qui avaient rompu le cordon ombilical avec la « mère SPD ». Une jeunesse allemande tissée de conflits, de débats intenses, de vie en « *Kommune* », communauté libre pour une remise en cause radicale du vieil ordre autoritaire prussien, dont la *Rote Armee Fraktion* fut l'ultime et mortel rejeton. Daniel, lui, bifurque vers le théâtre avec les apprentis de Dietzenbach (fameux centre de formation où passe la majorité des jeunes en Allemagne), puis dans le cadre de divers projets menés dans le monde rural, avec une attention portée à l'enfance, matrice de tous les futurs comportements de peur, de soumission ou de violence. En point d'orgue de cet itinéraire, il prend la direction du « Falkenheim » dans les années 90. Il décide d'y ouvrir un atelier de pratique artistique « de A à Z » (d'Acrobatie à *Zeichnen*, dessin) dans une association indépendante qui rompt peu à peu avec son héritage politique. Exit les « faucons » rejetés de leurs nids ouvriers et prolétaires. Désormais l'art et la culture règneront en maîtres. Ils déploieront « les ailes du désir » dans cette ville et dans ce quartier où « *l'Internationale sera le genre humain* », puisque Francfort connaît la plus forte proportion d'immigrés de toute l'Allemagne (25 %) et que, dans le Gallus, cette population est justement majoritaire. Il va de soi que c'est bien cette population-là qui connaît le plus fort taux de chômage (plus de 16 %), alors que pour la population à code génétique germanique il n'est que de 6,8 %. Selon les qualités de votre ADN, vous serez puissant ou misérable. Le code génétique détermine aussi le code social...

Mais Daniel est impatient, il se balance sur sa chaise et n'a que faire des statistiques impressionnantes du chômage. Il vole déjà, toutes ailes déployées, vers un nouveau projet : la ligne « 11 » du tram qui, depuis le centre-ville, mène vers son quartier. Un quartier qui l'habite, qui dévore ses jours et quelquefois ses nuits. Comment sculpter cette matière vivante, la rendre habitable, lui redonner forme et sens ? Dans cette traversée de la ville, ses murs, ses enseignes, les multiples visages de ses usagers, se dessine l'empoignade avec ce qu'on appelle le « tissu urbain », déchiré, raccommodé, reprisé, troué, avec cet appel, toujours renouvelé à la parole des habitants et aux gestes artistiques pour écrire une autre fiction, une autre histoire, dans une ville coupée en deux entre l'affolante richesse des uns et l'extrême déshérence des autres. Un projet toujours à la limite, à la frontière d'une impossibilité majeure, déjà éprouvée à Strasbourg, à La Laiterie, à l'occasion de l'inauguration de la ligne « B » du tram : entre l'empathie esthétique et la réalité économique, comment faire résonner encore un accord musical, un ton juste ?

« *Nichts bleibt wie es ist.* » Ni les hommes ni les matériaux. L'atelier de sculpture de Gallus, installé dans une ancienne usine, ne paie pas de mine. Des morceaux de bois, des tas de ferraille, des postes à souder, de multiples formes en bois ou en fer encombrent l'espace, dans lequel une dizaine de jeunes déambulent, un coca à la main. Ils sont encadrés par Michael, un sculpteur, et Andrea, une femme ensoleillée dont la fonction est tout à fait intraduisible en français : *Sozialpädagogin*, pédagogue sociale (car dans l'idéologie allemande, la pédagogie, la formation, est une valeur dominante – même l'arboriculture française se traduit par *Baumschule*, l'école de l'arbre). Mais justement, dans cet atelier ouvert sur une paisible soirée d'automne, on ne respire pas la moindre « odeur » scolaire, plutôt celle du bois et du fer.

Créé en 1992, cet atelier accueille des jeunes en grande difficulté, condamnés à des mesures de rééducation par le tribunal du Land. À Francfort, on peut être condamné à la sculpture pendant plusieurs mois ! Depuis son ouverture, l'atelier a accueilli plus de cent-vingt jeunes condamnés et, comme l'affirme un article de presse, « *les jeunes gens ont beaucoup de plaisir à accomplir leur peine* ». Comme le dit Michael, « *ici, on ne fait pas joujou avec du papier crépon. D'abord et avant tout, le matériau. Regarde cet arbre de cinq mètres de long, un peuplier tombé pendant la tempête, regarde cette force, cet acharnement. Et pourtant, malgré tout, il est tombé ! Quand un jeune débarque et que je le mets face à cet arbre lui qui est "tombé" aussi, ils se trouvent face à face, ils se mesurent l'un l'autre. Puis quand le jeune se saisit de la hache ou de la tronçonneuse, je sais que le combat ne peut être perdu.* » Andrea me montre les blocs de pierre grise ou rose, les pierres tombales récupérées auprès du service municipal des cimetières ou encore des épaves et des pièces tirées d'une casse automobile. Rêveuse, elle murmure : « *Donner une nouvelle forme, une nouvelle vie à ces objets orphelins, à ces pièces exclues du cycle productif. Ils connaissent la mécanique et les machines, mais la pierre ou le bois bruts leur sont étrangers, ne font plus partie de leur univers. Le passage est difficile.* »

Michael s'assoit sur un établi. « *Nous tentons d'ouvrir un dialogue entre le matériau brut, l'objet et le sujet en face de lui. Quelquefois, il s'établit tout seul. L'arbre suggère une forme, la veine de la pierre ou la forme d'un objet en fer suggèrent un dialogue. Mais, tu sais, nous ne sommes ni animateurs ni médiateurs. Les véritables médiateurs, ce sont les outils.* » Il me désigne les projecteurs accrochés au plafond qui éclairent les établis encombrés de postes de soudure, de maillets et de ciseaux, comme sur une scène de théâtre, seuls repères stables dans cet atelier de cinq cents mètres carrés, seuls points fixes dans le chaos apparent. C'est là, sur cette scène, que s'accomplit la métamorphose de l'objet « *et, espérons-le, celle du sujet* ». Il ajoute, balayant l'atelier du regard : « *Lorsqu'il donne le premier coup de marteau, lorsqu'il pose le premier point de soudure, le jeune franchit l'obstacle le plus important, car il ne peut plus revenir en arrière, il est obligé d'aller jusqu'au bout, pour ne pas perdre la face, parce que, librement, il s'est engagé dans une trajectoire, un travail.* » C'est peut-être cela le plus important : accomplir un trajet complet, redonner sa vraie force au mot travail.

Andrea prépare le repas avec les jeunes autour d'une table située à l'extérieur de l'atelier. Les paroles circulent, les rires fusent. Alexis, un jeune Grec de seize ans, raconte : « *Ayant quitté l'école et sans travail, j'ai erré entre la Grèce et l'Allemagne. J'ai du plaisir à venir ici. Depuis des années, je reviens à l'atelier. Je veux faire quelque chose de beau, car c'est pour moi seul que j'accomplis ce travail. Pour moi tout seul, c'est concret ; c'est ce travail qui me tient debout.* » Tulay, jeune Turque âgée de vingt ans, ajoute : « *Ce que j'ai appris ici, c'est à contrôler mes émotions, ne pas passer à l'action tout de suite. Parler plutôt que frapper.* »

Lars, dix-huit ans, est de Francfort : « *J'ai été bluffé par le travail manuel, complètement inconnu pour moi. Peu à peu, j'ai pris du plaisir à apprendre quelque chose. C'était un passage difficile dans ma vie. Je n'avais plus d'avenir. Je me suis laissé aller à penser de nouveau à mon futur et j'ai repris des études.* » Alexis me montre fièrement sa statue : des triangles de fer qui montent à trois mètres de haut. Michael, lui, me montre une belle réalisation, intitulée « Le Mur de la prison », et « L'Homme-clou », créé par un jeune réfugié bosniaque : une figure humaine en bois, sans visage, dont les pieds ont été coupés et remplacés par des tiges en fer, parsemée de clous de charpentiers entourés de cercles rouges. La singularité et la force de ces formes sont stupéfiantes. Chaque année, elles sont exposées dans des galeries ou à la *Paulus Kirche*, puis vendus aux enchères pour financer une partie du projet. Cette confrontation avec le public et avec le marché de l'art est essentielle, et il faut voir la fierté et le sourire de Tulay lorsqu'elle annonce que sa réalisation a été vendue, il y a quelques années, 900 DM (près de 600 euros). Pas excessif ! Mais une fortune pour elle, car l'énorme fossé qui sépare les banques, dans leurs gratte-ciels aériens, des misérables logements du Gallus est comme l'emblème qui flotte au vent de Francfort. « *Et l'art, nous en avons tous les insignes et nous en avons pour tous les goûts !* » Des musées à perdre haleine et les expériences artistiques les plus novatrices, de la *Roman Fabrik*, centre de création littéraire, aux friches alternatives (Mouson et Nakos), des théâtres à tous les coins de rues, des ballets et des opéras prestigieux, des festivals durant toute l'année pour toutes les cultures du monde. Le multiculturalisme, nous le dévorons dans les restaurants, le fêtons dans tous les quartiers, l'instaurons dans nos services municipaux. Alors qu'est-ce que cet atelier pour détenus, sinon la touche finale au tableau d'une joyeuse totalité culturelle en marche ? Les « faucons » sont des résidus de l'histoire à embaumer, à préserver, à mettre en valeur, comme les bâtiments de la Renaissance et du Moyen Âge, car très peu de bâtiments ont survécu aux bombardements de la dernière guerre. Y aurait-il une nouvelle guerre, celle de la spéculation immobilière, qui génère des centaines de milliers de mètres carrés de bureaux sitôt abandonnés ? Qu'est-ce qu'un projet minuscule à l'échelle d'une ville et d'un bassin de population de trois millions d'habitants ? Un point de repère symbolique, une borne posée dans la désespérance et l'abîme de l'inégalité, une petite pierre, fondement d'un parcours, d'un mouvement urbain. Elle peut soutenir un bâtiment comme l'« Atlas » du *Living Stone* ou le parcours des jeunes détenus de l'atelier de sculpture. Sculpter la ville, sculpter sa vie : les deux sont exactement imbriqués. Non pas comme un processus salvateur de rédemption des âmes égarées, mais comme une sublimation engendrant la fiction urbaine.

À la nuit tombée, tout juste éclairée par une lune bleutée de néon, nous remontons les rues piétonnes du centre-ville entre les rares bâtiments historiques et des cohortes de touristes japonais. Je glisse à Daniel : « *Tes projets peuvent-ils mourir ou bien engendrer d'autres démarches ?* » Il reste silencieux un long moment, puis murmure dans un français parfait : « *Tout cela est d'une extrême fragilité. Nous avons survécu plus de dix ans. Survivrons-nous dix ans encore ? Peut-être avons-nous rendu la ville et ce quartier plus habitables provisoirement. Mais j'ai conscience que nous sommes aussi comme les pierres d'une rivière, assez solides pour résister aux courants...* »

FRANCFORT

Les « faucons » ne planent plus au-dessus de Francfort. Ils sont devenus les porteurs d'une improbable mémoire. Les aigles noirs sont déplumés, les pigeons prolifèrent, ils doivent être stérilisés. Les moineaux survivent et se sont adaptés à la pollution de l'usine chimique Hoechst. Les étourneaux nichent dans les caméras de surveillance. L'euro clignote au sommet de la banque européenne. À chacun sa niche, à chacun son nid. Mais une ville, une vie, ne prend son envol que lorsqu'elle s'imagine un point au-delà de l'horizon vers lequel elle peut s'envoler.

Lyon

Turin

ET LYON CRÉA UN OPÉRA URBAIN AVEC TURIN

Est-ce la tendre et chaude luminosité d'une fin de journée en terrasse sur la place des Terreaux, à Lyon, ou l'air vif d'un matin de juin sur la Piazza Montale, à Turin, qui ont inspiré ces regards croisés ? Est-ce au contraire le souvenir de l'immense ballet urbain du défilé de la Biennale de la danse à Lyon ou encore les rauques polyphonies du marché de la Porta Palazzo à Turin, qui ont incité l'auteur à conjuguer les voix de cet opéra urbain ? Il n'a pas voulu anticiper la construction du TGV Lyon-Turin, mais simplement décidé de (d)écrire un opéra urbain européen.

Les décors

Ou le spectateur découvre un immense décor censé représenter la ville. Le centre et l'avant-scène sont occupés par un décor patrimonial pimpant, peint en trompe-l'œil. Plaisantes arcades, musées attirants, sévères palais princiers, côté cour, à Turin. Charmantes et antiques constructions accrochées aux collines, escaliers romantiques, envoûtantes traboules entre Saône et Rhône, côté jardin, à Lyon. En perspective, en ligne de fuite, les deux décors sont rigoureusement identiques : un bric-à-brac d'immeubles collectifs, de tours, de barres, de zones industrielles et commerciales hétéroclites. Un décor d'abstraction géométrique presque sans limite. Le spectateur rusé comprend immédiatement, sans même lire le programme, que le décor représente la ville contemporaine, ou plutôt l'agglomération urbaine actuelle. Mais le décorateur a suggéré avec brio une déchirure, une rupture entre le centre historique sublime et la périphérie chaotique, sans même forcer le trait. Alors que les musiciens, urbanistes et sociologues, s'installent à leurs pupitres informatisés et tentent d'accorder leurs violons, le chef en costume de maire ou de président de la communauté urbaine lève sa baguette. Le silence se fait dans la salle, lumière sur le plateau, c'est...

L'ouverture Lyonnaise (en gnafron majeur)

Le chœur lyonnais est multiculturel. Placés aux lointains, les « céfrans », les « rebeus », les « renois », casquettes et larges pantalons, sponsorisés par Reebok et Adidas. Au premier plan, les bons bourgeois en costume trois pièces cravate, sponsorisés par Armani. La partition est complexe. Des éclats de musique classique sont cisaillés par du *Gangsta Rap*. Dans une ambiance de gaz lacrymogènes, de sirènes de police, le public discerne cependant le grand air de la « réunification urbaine », souligné par les grosses-caisses médiatiques :

« Une ville démembrée rêve toujours à ses membres perdus /

Une famille à ses enfants disparus /

Régénérons, rénovons, réunifions et, malgré nos différences, créons commune appartenance ! »

Roulements de tambours, coup de clairon martial, c'est le grand air de l'exclusion, chanté par un mirliton politique local, placé à l'extrême droite du chœur.

« Chassons, expulsons les barbares qui campent aux pieds des murailles /

Fermons, cadenassons nos appartements et dormons sous nos couettes patrimoniales ! »

C'est alors que descend des cintres un danseur en vol d'ange. Dans une remarquable chorégraphie aérienne, il annonce la bonne nouvelle :

« Donnons force et mouvement à la cité /

De nos discordances faisons commune mouvance /

La biennale de la danse et son défilé marqueront, de notre cité, la Renaissance ! »

Ouverture turinoise (en fiat majeur)

Le chœur turinois est en bleu de travail prolétaire années 50 tandis qu'arrive sur scène tout un ballet de *Fiat Cinquecento* chargées jusqu'au toit de valises et de ballots.

« Nous arrivons par millions, de Catane et de Taranto /

Pour gagner notre pain quotidien chez Fiat à Torino ! »

Le corps de ballet municipal s'engage dans une chorégraphie urbaine énergique, tout en chantant :

« Construisons, construisons des cités dortoirs pour ces Méridionaux en haillons /

Élevons immeubles et bâtiments entre usine et périphérie, pour le plus grand bien de la Nation ! »

Les sacs de ciment volent d'un danseur à l'autre, les échafaudages sont montés et démontés sur un rythme échevelé, alors que les grues entreprennent un remarquable ballet mécanique.

Mais un groupe de ténors d'opérette en smoking se met à chanter :

« Madre mio, notre belle cité va être défigurée /

Par les sauvageons étrangers, notre ville sera ravagée !

Ligue, ligue du Nord (de l'Italie) /

contre les gueux du Sud (de l'Italie) ! »

Coup de sirène d'un bateau, suivi d'une sirène de police.

Les ténors d'opérette :

« Madre mio, nous avons connu les « trains de l'Espoir /

Dans les années cinquante du siècle passé /

Les bateaux de l'espoir venus de Tunisie et d'Albanie vont à présent les remplacer... »

Puis le chœur de ballet municipal :

« *Construisons, rénovons, réaménageons ! /*

L'hospitalité de la cité est un divin don ! »

Le mouvement chorégraphique devient soudain chaotique. Les chanteurs d'opérette tentent de repousser les danseurs misérables qui débarquent des bateaux. Le chef d'orchestre est dépassé, les partitions s'envolent, les murs des cités-dortoirs se lézardent, Fiat licencie. Alors, depuis les dessous de la scène, surgit un danseur-étoile rayonnant. Les quinze étoiles du drapeau européen constituent son costume. Le *Deus Ex Machina* européen et le chef d'orchestre municipal entreprennent un harmonieux pas de deux devant les danseurs et chanteurs médusés. Sur une très douce partition en euro majeur, c'est le célèbre mouvement Urban, « *La Periferia al Cuore della Città* » (la périphérie au cœur de la ville). Un ballet de régénération urbaine novateur, accompagné d'un projet culturel de belle dimension...

Acte 1 : Grande scène de fiançailles du centre et de la périphérie à Lyon

Ballet urbain comportant trois solos et un immense défilé. L'orchestre attaque en rap majeur tandis que, dans un castelet de guignol, côté jardin, un Gnafron en casquette affronte des gendarmes avec casque et bouclier. Des cintres descend un écran géant sur lequel apparaît Guy Darmet, directeur de la Maison et de la Biennale de la danse. Il s'écrie : « *Invitation à tous les habitants de l'agglomération ! Soyez acteurs de votre ville, découvrez cet immense plaisir de montrer votre corps dans la ville, et que votre corps soit reconnu dans la ville. Célébrez les fiançailles du centre et de la périphérie par une fête commune, faites résonner au plus haut la parole et les potentialités de ceux qui n'ont droit ni à la parole, ni à la reconnaissance de leur présence sociale !* » Sur l'écran en vue panoramique, des milliers de corps se mettent à danser dans les rues de la cité tandis que défilent les dates. 1986, Histoire de la danse. 1988, quatre siècles de danse en France. Avec les « *Fégoulades* » d'Arles, on élargit déjà l'horizon, gardians et chevaux sont sur la place. Mais, en 1996, c'est autour du Brésil que sera célébré ce singulier coup de foudre lyonnais entre des associations de quartier, la Maison de la danse et des milliers de participants, réunis autour d'une longue préparation assumée par des chorégraphes professionnels.

L'image de Guy Darmet est désormais dédoublée par celle de Xavier Phélut et Stéphanie Claudin, les coordinateurs du Défilé et de « L'art sur la place » : « *En 2004, vingt-deux chorégraphes ont été en charge de vingt-deux groupes d'une centaine de personnes au minimum. Cinq mille personnes au total, sans compter ceux qui, dans l'ombre, fabriquent costumes, accessoires et chars, doivent se conformer à un cahier des charges strict qui précise la ligne artistique et le chorégraphe choisi, ainsi que les modalités d'organisation. Chaque projet dispose d'un comité de pilotage et d'un budget, mais doit trouver en supplément des ressources propres.* » Le contrat de fiançailles ainsi proclamé est un peu rude, mais il est immédiatement brisé par une douce musique conviviale : l'amour serait-il plus fort que les contraintes juridiques ?

Vue en contre-plongée du Centre œcuménique de Villeurbanne. Repas conviviaux avec des réfugiés, des migrants, préparant leur défilé. Des harkis retraités, crevant de solitude dans leurs foyers, se hissent sur des échasses. Des non-voyants sont associés au défilé, des jeunes en errance sont récupérés in extremis. Le bonheur de renouer, de retisser les mille liens minuscules qui forment le cœur de la cité...

Acte 2 : Les noces du Centre et de la Périphérie à Turin

C'est un mariage qu'on célèbre, un vrai, avec grandes orgues, contrat chez le notaire, pluie de riz à la sortie de la messe (ici, des euros), témoins timides, hommes politiques en frac et surtout un banquet débridé, dont Fellini lui-même n'aurait osé filmer les plans de détail.

En scène 1, dite « des corps constitués », le cortège républicain s'avance vers l'autel européen en vue de sceller l'union entre la blanche et timide Urban et un grand gaillard, déjà avancé en âge, le maire et président de la communauté urbaine, le beau Sergio. Suivent, dans l'ordre, l'adjoint au logement et au développement des banlieues, les représentants de l'Union européenne, du programme Urban et de la Région, les députés, les présidents d'associations de la périphérie, les curés des paroisses, les présidents d'associations étrangères...

Le cortège s'ébranle aux accents d'un lamento déchirant, dont même Donizetti aurait hésité à écrire la partition. Oui, c'est le grand air de la « Dégradation des périphéries » (Marche funèbre).

« *Abject, écœurant, immonde, nos périphéries délaissées, ruinées, dégradées, abandonnées, sont la honte de notre cité* (chaque adjectif est souligné par un battement de tambour voilé) /

Les immeubles sont délabrés /

Les places publiques mutilées /

Les habitants abaissés /

Les étrangers déshonorés ! »

Immédiatement coupé par une gigue débridée sur un *swing* très balancé :

« *Mais le passé est un œuf cassé* /

Car, le mariage européen célébré /

La périphérie sera au cœur de la cité ! »

En scène 2, dite « de banquet », le cortège se dirige vers la salle, puisque l'ensemble du projet (et du mariage) est bien sûr de favoriser la participation populaire, de « coproduire » l'ensemble des actions.

Dans un brouhaha et diverses vociférations, on peut discerner des habitants du Corso Taranto qui interpellent ceux du quartier de Pietra Alta, en brandissant un ouvrage écrit par eux à l'occasion du trentième anniversaire de leur quartier – « *Trente ans de vie d'espérance, de projets* » : « *Vous avez vu de quoi on est capable, hein, vous avez vu ?* »

Les habitants de Pietra Alta, depuis le balcon, sifflent : « *Nous, on ne la ramène pas; nous, on a travaillé modestement, sans faire d'esbroufe, pendant deux ans pour sortir* Passage du Nord, *la mémoire de notre quartier.* »

Tout le banquet sursaute lorsque, dans un bruit de bouchon de champagne, on dynamite l'immeuble 73, rue de Fratelli Garrone.

Les conversations reprennent encore plus fort, assourdissantes, les voix s'entremêlent : « *C'est bien beau, la mémoire, t'as vu un peu comme on a restructuré la Piazza Montale, dans le quartier de Valette ? C'est pas beau ça, notre centre à nous, avec ces belles colonnes en briques et ce théâtre en sous-sol ?* »

- « *Eh, ne nous faites pas rire ! Via Arquata, on en fait dix fois plus directement par nous-mêmes...* »

- « *À Mirafiori Norde, on ne se contente pas de changer le paysage, on crée des entreprises pour donner du boulot aux gens !* »

Le bruit décline lorsque les ateliers-théâtre menés par des compagnies professionnelles se mettent en place et font monter les habitants sur scène. Cinq ateliers se préparent en simultané : une représentation de *Teatro Soziale*, la périphérie en scène. « *Estime de soi, visibilité sociale, image du quartier* », hurlent les acteurs, pris de frénésie.

Les spectateurs se lèvent alors pour entonner l'hymne local :

« *Nous ne sommes pas des spectateurs /*
Nous serons bien les acteurs /
Car la péri, car la phérie, car la périphérie /
Est au cœur de notre vie ! »

Acte 3 : Final musical grandiose

Spectacle de rue avec des milliers de participants, défilés croisés à travers les Alpes, de Lyon à Turin et retour, plus rapidement que l'hypothétique TGV, sans le moindre tunnel, presque en plein ciel. Deux villes, deux périphéries, vont se croiser, s'entrelacer pour engendrer une cité européenne dont le cœur battra au rythme de tous ses habitants. Musique tzigane. Toute la salle se lève et va danser sur scène, car la scène est devenue rue, et la rue est devenue scène. Le cortège lyonnais a engendré les grands récits d'Europe. *Faust* dans la rue, en quatre épisodes, joué par les habitants de Rillieux-la-Pape et Morvan Joly, chorégraphe. Celui de Turin rejoue *Corso Cincinatti* avec Lello Costa, la célèbre *Prima Donna* – « *E questo fort Apache* ».

À Lyon, Claude Decaillot et Annie Legros, du Théâtre du Mouvement, dansent l'imaginaire urbain et lui donnent force, densité, liberté dans leurs chantiers, des lycées professionnels de Vaulx-en-Velin et de Saint-Fons. De la parole partagée au corps dansé. Comment, pas à pas, se libérer de l'emprise sur les corps des bruits et des odeurs de la ville ? Comment débloquer la parole et le geste dans les ateliers du défilé ? Des mois de formation, retrouvailles, critiques, repris jusqu'au dénouement, l'énorme émotion de la rencontre avec la ville ?

À Turin, le groupe de la Via Arquata défile avec femmes et enfants. C'est *Africamérique*, une gare d'échanges culturels entre les migrants et la cité.

De Lyon, les habitants de Villeurbanne et le chorégraphe Santiago Sempere ont conçu un immense cheval de Troie et une production de costumes d'une rare beauté.

De Turin, défile ensuite *The Gate*, un énorme char composé d'anciens bains turcs, reconvertis en centre de développement culturel et de débats pour les habitants de Porta Palazzo.

De Lyon, Areski Hamitouche fait résonner soixante danseurs et soixante musiciens du groupe Azanie. Réunir les forces des cultures de l'exil, de la diaspora, assurer la transition entre les formes d'expression traditionnelles et populaires et les aventures artistiques contemporaines : *Corto Maltese*, un grand récit pour « Europe 2004 ».

De Turin, les habitants de Falchera défilent avec leur livre brandi à bout de bras, *Gente di Falchera.*

De Lyon, les habitants de Bron et le chorégraphe Farid Azzout, dans un décor d'un rouge profond, dansent le mythe de Persée et de la Méduse.

Des figures fantomatiques, des souvenirs, des frissons d'émotions se mêlent au défilé franco-italien. Un groupe de femmes battues défilant derrière des masques, une bonbonnière, boîte à musique d'un opéra comique de Beaumarchais, donnent naissance, avec quatre-vingt musiciens et soixante danseurs, à la gigue irlandaise, à la bourrée, au flamenco. Des phrases illuminent la nuit. Celle d'Areski : « *Quelquefois la pluie apporte un peu de sable du désert, quelquefois le vent d'ouest un petit air de techno, le vent d'Est un peu de musique rom, et nous regardons le ciel et nous recomposons notre musique intime à nous.* »

Une machine tentaculaire, noire et argentée, replonge Lyon dans le souvenir du *Ritterballet* qui, en 1927, avait réalisé le premier défilé avec mille danseurs amateurs, alors que les habitants de Saint-Priest mettent en scène le grand récit de Jules Verne. Mais comment reconstituer cette immense œuvre d'art en marche, redessiner ces milliers de figures en mouvement ? Saint-Priest clôture le défilé 2004, mais ce défilé imaginaire, ces initiatives et projets des villes européennes ne s'achèvent jamais.

Final monstrueux

Des milliers d'acteurs saluent des centaines de milliers de participants dans le grand théâtre urbain à ciel ouvert. Mais dans cette immense traversée de Lyon ou de Turin, ce sont les acteurs qui donnent le ton et assurent la beauté du spectacle. Rigueur et charme des mouvements, des sons, des costumes, des constructions, des textes, qui dessinent la force d'une véritable démarche artistique. Jubilation et bonheur des participants. Bonheur des retrouvailles d'une ville et de ses habitants. Bonheur d'avoir réussi la belle démonstration qu'une ville est bien plus qu'une addition de problèmes économiques, sociaux ou de sécurité. Une ville est un corps vivant, une fiction, un opéra permanent, un croisement sans fin de paroles et d'images en mouvement.

Danser la ville, replacer la périphérie au cœur, c'est mettre la vie en mouvement et, comme le dit un participant de Lyon, « *cette émotion, quand tu découvres la ville rassemblée là dans la rue, c'est comme si tu étais devant un cœur géant qui bat. T'imagines, c'est la vie, quoi ! C'est toute la vie de ta ville qui est là devant toi...* »

En coulisses

Après leur défilé harassant, les participants épuisés et heureux, mais déjà attristés, se saluent à grands cris dans les coulisses. *Come' stai*, *ciao Sergio*, *arrivederci Jeannot*, le Valpolicella croise le Beaujolais, la Grappa l'eau de vie de cerise, alors que les jeunes des deux cités entreprennent une séance de *free style* d'une virtuosité exceptionnelle ; coupoles, figures égyptiennes et *spins* s'enchaînent à merveille comme une langue universelle.

Alors se chantent les souvenirs, les images, les émotions, les réflexions mélancoliques du défilé.

Dialogue imaginaire :

La beauté, souligne Sergio, la beauté d'une ville réunie. Une beauté perdue depuis si longtemps que vous relancez là comme un coup de poing au plexus des habitants, mais deux heures seulement, même si vous y travaillez depuis plus d'un an !

Oui, confirme Guy, chez nous, tout est parti d'un désir d'artistes qui ont voulu accoucher d'une ville plus solidaire, avec une exigence esthétique d'une grande rigueur. Chez vous, c'est une démarche politique de longue haleine qui s'est mise en place, intégrant tous les aspects de la vie réelle d'une cité. Nous, nous avons posé de fragiles balises symboliques.

Sergio : nous illustrons deux des voies multiples pour recréer, faire renaître une ville européenne plus humaine, plus solidaire, plus créative.

Guy : notre projet, malgré sa réussite, son côté événementiel, est d'une extrême fragilité, dans ces temps de disette financière publique.

Sergio : si l'Union européenne retire sa contribution, nous périrons nous aussi, et pourtant, à nous deux nous sommes une ville européenne, nous sommes l'Europe. Mais nous savons aussi que le soufflé peut retomber et que tout peut être défait en quelques mois.

Guy : c'est si difficile, si laborieux, de faire renaître une ville, de conjuguer ses potentialités, et si facile de briser un élan, de faire coaguler sa circulation vitale, de la figer à jamais, donc de la détruire.

Sergio : allons, je n'ai pas de goût de la déréliction, de la déconstruction ! Nous avons appris tous deux qu'une ville renaît toujours de ses cendres. Dans la conjonction entre le désir des artistes, une forte volonté publique et une participation populaire créative, elle trouvera toujours les moyens et les voies pour célébrer sa force, sa beauté, sa vitalité et ses noces avec les plus démunis.

Postface polémique

Ah ! dira le lecteur-spectateur, votre compte-rendu d'une brève visite à Turin, sous les auspices du réseau « quartiers en crise », illustre parfaitement ce que nous pressentions à la lecture de ce livre ! Les exemples d'une instrumentalisation de l'art et de la culture à des fins sociales ou politiques. Mettre l'art au service d'une identité territoriale, d'un développement des relations sociales ! C'est écrit noir sur blanc. Le théâtre est avant tout un lieu de sociabilité et d'expression, le but n'est pas la qualité esthétique de la production publique. C'est du « socio-cul » qui sert le projet politique de la municipalité.

Bon, répondra Giovanni, vos biennales éphémères, le narcissisme échevelé de vos artistes que vous appelez « créateurs » – en Italie, seul Dieu est créateur –, ne permettent pas un réel remembrement de vos villes périphériques, de vos banlieues sensibles. Vous travaillez dans le symbolique et l'imaginaire, nous nous débattons dans une réalité autrement plus problématique, mais avec un véritable effort collectif des administrations et de la population, de la société civile aussi bien que des élus.

Le visiteur extérieur notera simplement que ces deux démarches illustrent de manière exemplaire les voies et moyens d'une renaissance urbaine en Europe. L'une privilégiera une démarche culturelle au service d'un projet politique global de régénération urbaine, ce qu'on appelle la « politique de la ville ». L'autre fera appel aux artistes, leur accordera une prééminence et une autonomie pour accoucher d'une ville plus solidaire, moins fragmentée, à travers des projets artistiques d'une grande ampleur et d'une exigence esthétique rigoureuse.

Vieux débat quelque peu caricatural. Car la vision rapportée ici est quelque peu faussée. À Turin, je n'ai pu relever l'ensemble des démarches artistiques à l'œuvre au cœur de la cité. À Lyon, les avancées de la « politique de la ville » sur l'ensemble de l'agglomération sont restées lettre morte. Or, depuis plus de vingt ans, une énorme action de régénération est en cours, avec un volet culturel d'une certaine ampleur. Entre autres initiatives, le futur Carré de Soie à Vaulx-en-Velin, les observateurs de quartiers à Rillieux-la-Pape, sans compter le Centre culturel œcuménique de Villeurbanne, qui accomplit une traversée des cultures du monde tout à fait exemplaire. Mais peut-être manque-t-il à Lyon la force d'une information mieux diffusée, la prise de conscience d'un vaste projet culturel et urbain à susciter et à communiquer. À travers l'exemple de ces deux villes se joue en tout cas un devenir urbain européen commun, car des centaines de villes sont confrontées à une même problématique. Redonner cohérence à des villes puissantes, mais éclatées, émiettées ; redonner confiance à des villes industrielles abandonnées. Un vaste mouvement souterrain est à l'œuvre, soutenu par des réseaux comme Banlieues d'Europe ou Quartiers en crise, mis en œuvre par le programme Urbact de l'Union européenne. La culture et l'art redessinent les enjeux majeurs de la ville future.

Setubal

Porto

L'OBSCUR OBJET DU DÉSIR DE DÉMOCRATIE (ET D'UN GOAL)

Croyance enjolivée par la conformité du paysage, un ciel de début d'été d'un léger bleu pastel, une cascade de petites maisons blanches ancrées sur les flancs des collines, et la certitude maintes fois répétée que l'alphabet portugais ne comporte qu'une seule lettre infiniment déclinée : la lettre « F ». Comme Fado, Fatima, Football. En ce samedi de juillet, il se réduit encore à une seule désinence, « F » comme Finale. Celle de l'Euro 2004 de football entre le Portugal et la Grèce, qui se jouera le lendemain à Lisbonne. Le « F » se déploie en drapeaux, parsemant la ville de taches vertes et rouges, fleurit sur les banderoles qui claquent au vent du Tage, monte à l'assaut des balcons, se hisse sur les toits en formules publicitaires sponsorisées, s'étale sur les écrans de télé, s'enroule sur les ondes radio, s'affiche sur les murs des restaurants avec les photos des joueurs alignés à l'école, barre les journaux de titres sanguinolents.

Mais le décor du théâtre sportif à l'échelle d'un pays serait déserté, si le double « F », Football-Finale, n'habitait pas les corps, les paroles, d'une passion obsessionnelle et collective, les femmes comme les hommes, les jeunes comme les vieux, les coiffeurs comme les garçons de cafés, les conducteurs de trains – qui ont sifflé les goals de l'équipe dans la compétition – comme les pilotes d'avions qui les ont commentés pour les passagers.

Une fabuleuse fable sans faille, une fantastique félicité, une fertile festivité, une folie faisant fi de toute fracture, une fraternisation frénétique, une seule fierté : le Goal.

Impossible de me rendre à Lisbonne assiégée non par les chars de la Révolution des œillets, c'était il y a déjà longtemps, presque une génération. Lisbonne est assiégée par les supporters, leurs cris, leurs banderoles. Les supporters des deux camps, alors j'ai choisi une ville de la périphérie que j'espérais calme, et quelque peu assoupie dans la chaleur lourde de l'été portugais, Setubal la maritime, où Isabel Rebelo, avec son organisation SEIES, poursuit depuis des années un cheminement difficile « pour rendre un autre monde possible ». En arrivant en ville, je sais immédiatement que le « grand soir » est pour demain et que l'attente d'un autre monde débutera à 19h30. Trente ans après celle des œillets, la révolution du football est en marche.

Des arcs barrent les rues avec couleurs nationales et drapeaux. Les photos des joueurs ornent tous les magasins, et même la statue de Bocage est entourée d'une large banderole verte et rouge. Fièvre nationale pacifique, fervente, contre féroce fièvre meurtrière nationaliste des frères ennemis de l'ancienne Yougoslavie... Une ville, un pays réenchanté par le football ? La folle attente d'un lendemain de fête totale : espérance et foi. La ville portuaire et industrielle s'étale le long de la mer, en un croissant parfait, tout juste brisé par des bâtiments fermés de la conserverie, entre les hautes collines de bois et de maquis. Assis à la terrasse de l'hôtel Bocage dans la vieille ville étroite et pavée, je regarde la déambulation chahuteuse des jeunes Capverdiens dont les T-shirts sont aux couleurs de l'équipe nationale, alors que sur l'avenue Luisa Todi, les restaurants allument les foyers pour les grillades de sardines. La ville tourne le dos à la mer, elle étale ses bâtiments gris et sans âme en paliers vers les collines où l'on devine les châteaux et les forts de Palmela et du Forte Velho, qui surveillent le port et l'autoroute menant à Lisbonne, à une quarantaine de kilomètres de là. Tous les taxis et les voitures arborent le drapeau portugais, alors que des groupes de filles, drapées en vert et rouge, hurlent et rythment les slogans de l'équipe nationale. Plus un cierge n'est disponible à la *Igreja da Anunciada*, ils brûlent tous pour la victoire portugaise.

Isabel Rebelo sirote un café frappé, souriant de cette épidémie soudaine qui a saisi le pays, mais elle non plus n'est pas absente de l'événement décisif qui se produira demain soir. Elle a retenu une table dans un restaurant avec écran géant. L'épidémie, elle connaît. Elle qui fut d'abord chercheur en virologie à la Fondation Gulbenkian, avant que de succomber à un redoutable virus politique, celui d'une révolution fleurie et prophétique qui ravageait le pays au mitan des septantes lusitaniennes. Malgré sa longue « convalescence » dans les quartiers et les associations de Setubal, je crains qu'elle ne soit pas complètement guérie, car, à peine nous sommes-nous salués que nous entreprenons une violente discussion sur les conquêtes du féminisme militant, auquel je réponds par le « malaise masculin » en pleine évolution. Nous pouvons à peine échanger que déjà la radio hurle les derniers commentaires de l'entraîneur brésilien de l'équipe du Portugal. Elle me propose alors d'aller à la campagne rencontrer une troupe de théâtre qui a acheté un flanc de montagne à une dizaine de kilomètres de Setubal. Dans un ancien corps de ferme, elle a installé théâtre, bureaux, ateliers et restaurant. *O Bando* (la bande), c'est son nom. Pérégrination d'une troupe, installée à Lisbonne depuis vingt-cinq ans et qui décide de se ressourcer à la campagne il y a maintenant quatre ans. Un mouvement pendulaire, séculaire : cheminer vers la ville, quitter la ville pour énoncer ses repères, jamais trop loin, et de cette dualité, faire profit et richesse.

Nous débarquons en pleine assemblée générale de la coopérative, car la bande s'est instituée en coopérative et organise, chaque premier dimanche du mois, un repas communautaire avec ses partenaires. Belle conjonction d'une volonté démocratique et de lointaines réminiscences christiques, dans le décor, d'une modernité délicate, d'une grange rénovée, avec ce maître-mot, emblème et drapeau du Portugal : démocratie en action, à tous les niveaux d'une société où la mémoire de la tyrannie a façonné les esprits. *O Bando* égrène donc sa mémoire.

Celle qui surgit au lendemain de l'avril révolutionnaire portugais et se répandit dans la profondeur du pays. Une intervention politique et artistique dans des campagnes alors en pleine lutte contre les gros propriétaires terriens de l'Alentejo, associant villages, écoles, coopératives, dans des créations collectives sur des questions d'actualité. Puis l'exigence artistique s'est développée : la troupe adapte de plus en plus de romans, de textes poétiques d'auteurs portugais et davantage de relations avec l'étranger. Elle tourne en France, à Charleville-Mézières et à Lyon, invite des troupes étrangères en résidence dans son théâtre, ses plateaux de théâtre creusés à flanc de colline, où le public peut déambuler d'une scène à l'autre. Pour l'Exposition universelle de Lisbonne, la troupe est chargée de la programmation du théâtre de rue. Elle met en œuvre un texte de Fernoé Mendes, *Pinto Peregrinasao* (XVIe siècle), pour accueillir des troupes de théâtre de rue de toute l'Europe, y compris le « Royal de Luxe », qui y crée son célèbre *Rhinocéros*. Grâce aux retombées financières, elle peut s'établir de manière stable à Palmela, à quelques kilomètres de Setubal, et approfondir son implantation « *être proche de la nature et de la société* ». Croiser, en somme, la création d'auteurs portugais classiques et contemporains (de Pessoa à Saramago) avec l'organisation d'événements théâtraux, l'intervention artistique et la formation des amateurs. Se considérer à la fois comme créateur théâtral et agent de développement local, en quelque sorte. Au titre des événements, *O Bando* organise à Palmela le Fiar (Festival international des arts de la rue), différent des grandes machineries festivalières hexagonales, puisqu'il se déroule dans les maisons et les jardins de la ville et qu'il fait intervenir des associations locales. Quatre orchestres sont réunis, avec plus de 120 musiciens pour jouer une pièce contemporaine, un chœur de vieux paysans de l'Alentejo se déplaçant autour d'une comédienne disant un texte de Lorca, seule près d'une fontaine. Scènes fugitives créées par *O Bando*, avec ce plaisir non dissimulé d'associer les groupes locaux à cette scansion partagée de leur ville. Nous dévorons une excellente soupe glacée avant de revenir, à la nuit tombée, assister à la création des *Aveugles*, d'après le roman de Saramago. Belle illustration de l'aveuglement contemporain d'une cité ! Comme dans *Bosan Stupica* à Belgrade, un mur forme la scène. Du haut, par un toboggan, des gardes en uniforme lancent les hommes et les femmes contaminés vers la réclusion d'un espace clos. Plage ou salle, peu importe. Exclusion, tyrannie, fermeture dessinent les méandres d'une dramaturgie répétée à des milliers de kilomètres et qui dessine pourtant des espaces symboliques identiques, que l'on pourrait interpréter comme l'universelle tension européenne vers l'ouverture, la démocratie, la vision claire d'un avenir possible. Tension qui éclate ici dans le chant des grillons comme recherche incessante d'association avec les groupes et les personnes, désir de partage, de paroles, de signes et de symboles, pour retrouver une vision commune de l'avenir. « *Nous sommes comme des oliviers*, disait un paysan de la chorale de l'Alentejo. *Nous avons besoin à la fois d'un sol propice, d'un ciel clément, et surtout du soin incessant des hommes, pour offrir les meilleurs fruits.* »

Isabel, en revenant par d'étroites routes qui descendent en lacets vers Setubal, confirme cette quasi-obsession du partage, de l'association, de la parole libre échangée, de l'action commune en m'expliquant le XIe Mois de la femme, qu 'elle a organisé en mars 2004 avec un ensemble impressionnant de groupes et de structures de Setubal, les « *Tertulia* », rencontres festives autour de la cuisine et des vins où l'on dit poèmes, textes, où l'on échange ses réflexions, mais aussi les ateliers, les conférences, les séminaires (« Le 25 avril 1974 vu par les femmes »), les expositions, les lectures poétiques... « *Il est urgent de sentir la vie se nicher dans le mouvement* », dit un poème. Cette manifestation est l'aboutissement d'une action de onze ans de formation, d'aide, d'accompagnement pour les femmes reléguées par la migration ou l'exclusion. Nous nous arrêtons sous un pont pour assister à une performance graffiti sur un grand mur, avec un DJ qui malmène son sampler et l'odeur prenante de la peinture fraîche : les *Graffiti Writer* bombent de vastes surfaces – mais aujourd'hui, non seulement c'est admis, c'est même une commande de la municipalité. Pourtant, cette véritable calligraphie urbaine, d'une force et d'une créativité considérable, à la fois exposée dans les musées et pourchassée par les policiers, mériterait mieux que l'opprobre ou l'admiration, la reconnaissance raisonnée pleine et entière d'un art urbain majeur. Nous poursuivons par l'échoppe d'une galerie marchande qui édite cartes de vœux et de visites, et où se réunit un groupe de poètes, qui écrit, édite et fabrique ses livres. Ils sont sept qui disent la nécessité de jongler avec les mots, les images, les symboles, les rythmes, les sonorités, et de dire, de se dire, d'écrire.

En moins d'une heure, à quelques centaines de mètres de distance, je croise les deux mouvements majeurs pour s'approprier la cité incertaine et fuyante, résister au rouleau compresseur urbain et anonyme qui écrase, efface tout sur son passage. Apposer, calligraphier sa trace colorée sur les murs de la cité, ou tracer son empreinte sur une feuille de papier imprimée. Peu importe que la première soit très (très) contemporaine, la seconde plus traditionnelle, l'une plus populaire, l'autre plus bourgeoise... Habiter une ville, c'est être habité par la ville, et dans le même temps lutter avec elle, s'approprier et être approprié dans un conflit nourricier et permanent.

Au centre, c'est le calme. Avant la bataille. Les drapeaux pendent mollement aux mâts de l'avenue Luisa Todi alors que les combattants reprennent des forces dans les tavernes à poisson avant l'épreuve du lendemain. Je dis bien « combattants », car derrière chaque joueur qui va s'élancer sur la pelouse, il y aura au moins un million de personnes qui composeront sa tête, ses poumons, ses jambes, partageront son angoisse, ses gestes, respireront comme lui, connaîtront les dernières recommandations de l'entraîneur aussi bien que lui. L'individu collectif et la foule solitaire, fausses métaphores urbaines, car en buvant la première bouteille de *vinho verde*, l'évidence s'impose : tout le pays, plus les immigrés portugais de Paris ou d'Australie formeront un seul corps.

La communion, la fusion des espèces civiques et sportives. À la deuxième bouteille, on recherche vainement des traces d'une déchirure, d'une rupture dans cet immense besoin de faire corps unique. Même dans ce pays très catholique, la religion n'arrive plus à faire communauté, « église » au premier sens du terme. La nostalgie de la communauté, du corps unique, habite nos villes et se dénoue quelquefois dans ces manifestations artistiques comme le Défilé de Lyon ou la *Zinneke Parade* de Bruxelles, ou dans ces grandes rencontres sportives.

Dimanche brûlant de Boa Vista, le quartier périphérique, surtout habité par des Capverdiens et des Roms, immigrés récents des pays de l'Est. À quelques heures de la lutte finale, ce sont les Capverdiens qui fêtent leur indépendance ! Le Cabo Verde, ancienne colonie du Portugal, a acquis l'indépendance en 1974, à la suite d'une longue guerre de résistance de libération menée par Amilcar Cabral, qui fut tué par la police portugaise. L'archipel du Cap Vert, aride et sans précipitations pendant des années, est un formidable défi relevé par une population d'anciens esclaves qui, à force de volonté, a réussi à survivre... ou à émigrer aux États-Unis et en Europe. À Boa Vista un quartier très pauvre, « misérable, souligne Isabel, et dans lequel circulent la drogue, les armes, et trafics divers », je ne vois, moi, que d'élégants quadrilatères à coursives donnant sur une vaste cour intérieure d'un côté et sur la mer de l'autre. Les coursives devaient servir à la rencontre des habitants, désormais ils sont coupés par des grilles. La fête bat son plein, sous une chaleur écrasante, dans la cour entourée de deux niveaux de bâtiments beiges hérissés de drapeaux portugais et capverdiens. Chanteurs et orchestres se succèdent alors que les stands de boisson et de nourriture font le plein. Malgré l'origine capverdienne, on évoque avec jubilation ou angoisse le match final, la délivrance ou la défaite, la libération ou la dépression. C'est là aussi qu'Isabel, avec le projet « *Trilhos* », subventionné par l'Union européenne, s'efforce de réunir les associations, les organismes publics et les écoles pour relancer une dynamique sociale en perte de vitesse, avec des projets d'activités créatives, civiques ou sociales. Un effort particulier est fait en direction des enfants et des populations roms. Plus la soirée approche, plus la fébrilité augmente et plus les groupes de musique, de danse, de chants se succèdent rapidement. La télé, seul lien au monde.

À 18h30, on voit déjà de longues foules qui se rendent au stade. La télé diffuse en continu des images des matches passés et gagnés par le Portugal. À 19h00, ce sont les images de l'équipe nationale qui se rend en autobus vers les vestiaires. Images des communautés portugaises en liesse à Paris et à Londres.

19h15, maquillage des couleurs portugaises sur les bras. 19h20, nous sommes assis au restaurant et picorons timidement dans nos assiettes. 19h30, l'hymne national est repris avec ferveur par l'ensemble de la salle debout. À 19h31, la première passe, puis c'est le silence. Un si lourd silence tout juste brisé par les vagues successives de rugissements lorsqu'une balle portugaise passe au-dessus ou à côté du but grec, puis le vent de la défaite qui souffle en rafales sur la salle et de nouveau un silence terrible lorsque, le match fatal terminé, tout le monde quitte rapidement la salle. Ceux qui restent unis, recroquevillés sur leurs chaises, se prennent la tête dans les mains. Le patron, d'un air triste, mais apaisé, lâche : « *J'avais mis le champagne au frais, donc nous le boirons quand même. Car, après tout, nous sommes arrivés en finale ! Nous boirons à la santé des Grecs.* »

Le lundi matin, très tôt, les balayeuses municipales ramassent les détritus et nettoient les rues à grands jets d'eau. Les cafés sont vides, les passants se croisent en silence. La fièvre est retombée, retour à la normalité. La fête est finie. En bus et en train, je me rends à Porto. Dans le bus, tout le monde somnole ; dans le train aucun bruit, et dans les rues de Porto, plus aucun drapeau. Je tourne dans cette ville de palais, de statues, d'églises couvertes d'*azujelos*, sectionnée par le Douro, de la Place de la Liberté à la cathédrale avec ses tours carrées, son air un peu barbare, et de là, me rends à la Place de la Batalha très animée, en attendant de rencontrer Susana Ralha, de la *Casa da Musica*, et Ruiz Pereira, son compagnon, enseignant et journaliste. Le soleil flamboie une dernière fois sur les rives escarpées du Douro, quand je les rencontre. Immédiatement, sans qu'elle prononce un seul mot, dans ses gestes vifs et décidés, je lis l'impétuosité et la force de son action, la volonté de faire advenir à tout prix son projet. À petites phrases hachées, mais dans un français parfait, elle me conte les heurs et malheurs de sa démarche.

Le conte d'un opéra des gueux portugais

En ces temps-là, Porto, grâce aux efforts diplomatiques de ses édiles et à la paternelle bienveillance de l'Union, accéda à l'insigne honneur de devenir, pour la bienheureuse année 2001, « capitale culturelle ». Hélas, le Portugal ne sera pas capitale du football européen ! Comme tapis rouge déroulé, le programme enchaînait des réjouissances théâtrales de « haut niveau », des agapes visuelles de « renommée internationale », des concerts « exceptionnels ». Mais voilà, il fallut admettre que toutes ces « excellences artistiques » accumulées avaient fait l'impasse sur la participation populaire aux pompes et aux œuvres de l'Esprit. Alors soucieux de mettre en pratique le beau slogan démocratique, on engagea la *Birmingham Opera Company* qui, depuis de longues années, tente de rendre populaire un art que l'indifférente populace persistait à considérer comme « élitaire » et même, pour preuve de sa bonne foi démocratique, on choisit un cortège de figurants issus des quartiers les plus pauvres de la ville : *Bairro de Aldoar* et *Bairro de Fonte da Moura*. On engagea même une enseignante de piano de la *Casa da Musica* pour accompagner la création du *Woyzeck* d'Alban Berg, Suzana Racha.

Il s'agit d'une inversion du conte traditionnel. Cendrillon deviendrait princesse par la seule force et magie de l'art lyrique. Avec cette résolution sans faille des princes et princesses qui opèrent l'enchantement des quartiers les plus « pourris », Suzana, sous la pluie et le vent de l'hiver, se rendit à Aldoar pour adapter *Woyzeck* aux dimensions d'un quartier de gueux et de pauvres hères, environnement contemporain du texte de Büchner. Les pratiques et formules magiques de métamorphose sont fort simples. Pas de recette-miracle. Déambuler dans le quartier, parler aux femmes, aux associations, aux autorités. Parler encore et toujours pour convaincre, pour que la parole, en ondes concentriques, fasse vague et marée, malgré les rues défoncées et la défonce de la désespérance. Ce que contiennent ces paroles : « *On va réaliser une grande pièce de théâtre avec musique et raconter une belle histoire.* » Et Suzana, en conteuse accomplie, conte à tous vents « *la belle et terrible histoire de Woyzeck* » aux enfants dans les écoles, aux familles réunies avec leurs voisins, puis rassemble à l'école, « *seul lieu pacifique du quartier* », les habitants, les associations.

Une histoire contée, quelques photos projetées aux enfants de quatre ans, histoire d'amour pour adolescents, et la magie, lentement, commence à opérer. Les femmes demandent : « *L'opéra, c'est pas pour nous ; qu'est-ce qu'on peut faire ?* » Pour transformer les gueux en princes, on commence par les costumes. Le « carnaval des gueux » à Aldoar sera entièrement revêtu des costumes d'époque de *Woyzeck*. Le concours du plus beau costume est jugé par un jury présidé par un chanteur rock très connu du groupe *Big Brother*. Les premiers prix seront un voyage à Birmingham pour rencontrer les acteurs-chanteurs de la création de *Woyzeck*. Cinq personnes traversent la Manche. La télé suit. Car la magie, pour opérer, doit se produire par grand miroir interposé. Elle opère, cette magie : se montrer, transmuter une image négative en image positive. Les journalistes qui ont réalisé le documentaire TV organisent projection et débat dans le quartier. Le feu a pris, il flambe à présent.

Il faut alors préparer l'accueil de la compagnie d'opéra de Birmingham. Atelier d'écriture pour chanson d'accueil avec écrivaine, poèmes, cartes du quartier, avec désignation des espaces du projet par les écoles. Sessions pour orchestres de rue et association avec les gitans qui connaissent les percussions. Poèmes mis en musique – une musique populaire, car Woyzeck est devenu un héros populaire dans le quartier. Et puis, c'est la folie de l'accueil : un repas rassemble plus de cinq cents personnes et se termine en bal costumé, avec les vêtements réalisés pour la production. Les *junkies* ont voulu s'intégrer au bal. Mais ils n'ont plus de dents ; alors les femmes, par crainte du sida, refusent de danser avec eux. Alors, Suzana dit seulement : « *Si tu veux faire l'opéra, tu danses avec eux !* » Et les femmes ont dansé avec les *junkies* édentés. Magie encore lors de la préparation de la première. Pendant dix jours, à l'ancienne usine électrique désaffectée à moitié ruinée, il faut transporter huit groupes chaque jour, ou plutôt chaque soir, puisque c'est le soir seulement que les quarante personnes du quartier sont libres. Et puis, c'est la première qui, désarçonne totalement le public traditionnel de l'opéra, mais pas les habitants du quartier – eux, ils sont initiés aux subtilités du décor et de la mise en scène.

Celle-ci s'organise en stations à travers l'usine en ruine, dans laquelle le public déambule. À l'entrée, un grand chanteur noir se tient avec une batte de base-ball à la main, dans un décor de café. Puis le public traverse des cuisines où l'on bat la viande, croise des grosses-caisses crevées, des chaussures en plastique usagées, des moulures qui pendent du plafond. Le médecin arrive en voiture et observe le public en prenant des notes. Pendant la représentation, le toit crevé laisse passer la pluie. Un scandale, une injure grossière au public, mis en scène par des Anglais, associés aux gueux d'Aldoar. Un « opéra des gueux » dans le déjà classique opéra d'Alban Berg. Après quatre représentations, la production du *Birmingham Opera Company* s'arrête, alors que l'« Opéra des gueux » d'Aldoar poursuit sa carrière.

Pendant l'été, dans le quartier, on organise trois concerts. Instruments à vent, percussions, récital de piano sur une place fermée. La *Casa da Musica* a prêté « son » Bernstein et le directeur a joué gratuitement. Les « loulous » du quartier sont chargés de la sécurité, et, avec un plaisir non dissimulé, ils refusent l'entrée aux bourgeois en retard.

Et puis la rentrée vient tout naturellement. Un autre opéra entièrement, conçu, écrit et réalisé par eux, les gueux. En octobre a lieu l'ouverture d'un atelier d'écriture du livret. Le titre est vite trouvé dans un quartier démoli et reconstruit : ce sera *Demolição*, histoire de la résistance de tout quartier à la démolition d'un immeuble.

Mais les générations et les groupes s'affrontent dans la définition des personnages de l'histoire. Le concierge sera un ex-combattant d'Afrique, un peu fou, agressif et misanthrope. La famille résidante sera ivrogne, et la putain, comme dans *Woyzeck*, s'appellera Marie. Un avocat au chômage complètera la distribution. Les « vieux » sont plongés dans l'histoire de leur propre quartier, où l'on démolit pour reloger. Les « jeunes » veulent une histoire plus agressive : un raid nocturne pour faire sauter le bâtiment du conseil de quartier. Mais, finalement, on s'accorde sur la nécessité d'une simple charge policière. Une femme est blessée, mais à l'arrivée du bulldozer, Marie monte sur le godet et menace de se suicider. Le bulldozer s'arrête. La démolition est stoppée. Le quartier a gagné, mais le concierge meurt… Regina Guimaraes a mené l'aventure d'écriture collective et trois compositeurs ont été nécessaires pour écrire la musique (Lapa, Azevedo, Guedes). Des chanteurs professionnels ont pris les rôles du président, du concierge, de l'avocat. Tous les autres rôles ont été tenus par des amateurs. Des mois de folie ont suivi, où l'écriture, la composition, les répétitions se sont télescopées, « *suivis des affrontements avec les metteurs en scène ou les chefs d'orchestre, qui n'arrivent pas ou refusent de travailler avec des amateurs. Ce n'est qu'à vingt jours de la première que le choix définitif est arrêté.* » Ce sera Peter Bergamin, un jeune chef anglais, pour la musique et Adelina Carvalho pour la mise en scène.

La première se déroule le 27 juin 2002 sur le parking de la *Casa da Musica* en construction, avec plus de quatre-vingts habitants issus d'un des quartiers les plus démunis de la ville. Mais la véritable fête finale du projet, c'est à Eldoar qu'elle se déroule, en version concert et en présence du Président de la République du Portugal. Avec un frisson d'émotion dans la voix, Suzana m'explique : « *Je n'ai pas continué. Je n'ai pas pu poursuivre ce long cheminement de deux ans. La* Casa da Musica *a renoncé. La ville, une fois l'année de la capitale européenne de la culture terminée, a baissé les bras. Mais j'ai puisé dans ce projet une force, comment dirai-je en français, j'ai tenu dans mes bras la force et la beauté du monde, et la culpabilité du renoncement. J'ai fait chanter la dignité de ces hommes et de ces femmes, et je me suis opposée à leur démolition programmée. Mais, comme le disait une vieille femme du quartier, le peuple perd toujours ses combats.* »

Je me retrouve le lendemain dans la ludothèque *O Moinho* pour évoquer la mémoire du 25 Avril avec un groupe de femmes et d'hommes qui ont rédigé un livre autour de deux générations différentes. Le 25 Avril 1974, combat d'un peuple pour se libérer du fascisme, a été gagné par les militaires avec l'appui du peuple. Mais le peuple a-t-il par la suite gagné ou perdu son combat ? Il a en tout cas gagné la démocratie, et c'est pourquoi la recherche d'une voie démocratique réelle, au-delà de la démocratie élective, une démocratie qui irriguerait la vie quotidienne et renverserait le vieil autoritarisme machiste de l'ordre ancestral ancien, est devenue une obsession. Et comme les nouvelles générations ont oublié la valeur et le prix des conquêtes démocratiques, il faut revenir à cette révolution inaugurale pour réactiver la ferveur pour les conquêtes de la démocratie. Alors se bousculent les souvenirs de ceux qui avaient dix-sept ans et de ceux qui en avaient quarante, avec cette vibration intacte de la joie et de la liberté que l'on retrouve ici, à Porto, ou à la veille d'une finale de football dans tout le pays.

J'ai noté seulement cette remarque d'une fille qui avait dix-sept ans à l'époque. « *Avant le 25 Avril, à l'école, nous montions par deux escaliers dans les salles de classe, un pour les garçons, un autre pour les filles, et nous portions de larges chasubles qui devaient cacher nos seins. Après le 25 Avril, nous sommes montés par n'importe quel escalier et nous avons enlevé nos chasubles, nous avons montré et gagné un corps.* » C'est peut-être cela une révolution, monter un escalier interdit et enlever un « chasuble mental ». Je comprends mieux le sens et la valeur du Mois des femmes organisé par Isabel Rebelo et son centre de citoyenneté active. Et lorsque je me rends au Musée du travail et que je rencontre encore une femme, Isabel Victor, je comprends pourquoi les réseaux féminins sont tellement actifs et les femmes si conquérantes dans ce vieux pays lusitanien.

À quoi sert un « musée du travail », centré sur les conserveries de poissons, quand toutes les usines ont fermé leurs portes depuis longtemps ? Une trace à conserver, quelques machines, tables, outils à pieusement préserver. En tout cas, pas de quoi s'extasier sur la beauté de l'usine perdue ! Aussi Anna Duarte et Isabel Victor ont-elles inventé un autre concept de musée, ouvert sur la cité. Le musée est devenu un actif et dynamique centre culturel, avec des cours de langues pour migrants, des manifestations associant diverses communautés étrangères (Timoriens, Russes...), de belles expositions d'artistes contemporains, des représentations théâtrales. Des classes y séjournent plusieurs semaines, des migrants bulgares apprennent le portugais, avant d'organiser une soirée de poésie de leur pays et de visiter l'exposition Otavo Nobega. Voilà un musée de la circulation civique, le carrefour où se croisent objets, pensée, langues, cultures, dans un mouvement perpétuel, sans relégation élitiste ou confusion populiste. Des étudiants en anthropologie écoutent attentivement le cours magistral d'une ouvrière en « conservologie dynamique », alors que le groupe du Timor Oriental répète une danse traditionnelle et qu'un grand peintre contemporain initie avec humour des enfants aux arcanes de sa démarche, en cherchant à comprendre les reproductions enfantines de ses œuvres. Une belle réussite démocratique et civique, ou un musée irradie une ville entière.

L'infatigable Isabel Rebelo, la militante habitée d'un désir fou d'associer, de réunir, me fait rencontrer Patricia Patricio, du projet « *Trilhus* », huit institutions partenaires plus un réseau européen, dans deux quartiers ruraux et urbains de Palmela – groupes de travail, formation, réflexion, décision, centre de compétence autogéré et promotion de produits traditionnels... Elle me raconte les aventures bénéfiques du libraire *Oulset*, à l'origine de la bibliothèque municipale, et me décrit une activité permanente de rencontres d'écrivains. Elle m'accompagne chez le maire, Carlos de Sousa, pour un entretien sur la politique culturelle municipale et son ouverture sur les dimensions altermondialistes. Ensemble, nous allons dîner avec le *Teatro de Elefante* de Fernando Casala, une troupe de théâtre pour jeunes publics qui intervient avec les jeunes Gitans de Boa Vista et a entrepris un projet sur le « cycle du pain ».

Je n'ai pas encore mis les pieds sur une plage, n'ai pas visité un seul site touristique, excepté le château, pour voir un feu de forêt. Mais, très vite, je me rends compte que, moi aussi, j'ai été contaminé par le virus Isabel, virus déclenché par des œillets révolutionnaires et qui ne laisse jamais en paix celui qui en est atteint. Il est littéralement emporté malgré lui, dans une fuite en avant incessante. Encore des murs à escalader, des aventures à mener, des projets à réaliser, et surtout des frontières à franchir. Et d'abord, cette frontière sociale qui sectionne de manière invisible les villes et les pays. L'insupportable processus de purification culturelle que des siècles de démocratie n'ont pas réussi à combler : ces quartiers ou banlieues où le peuple « perd sa bataille », où il est exclu de la culture, donc de la dignité humaine. Ce sentiment d'injustice très fondamental est un puissant moteur démocratique, qu'il fasse chanter les « gueux » d'Aldoar, éclater les formes traditionnelles et compassées des musées, illuminer les rues de Palmela par des fulgurantes interventions d'*O Bando*, qu'il fasse danser les Capverdiens ou les habitants de Boa Vista, relancer la mémoire du 25 Avril comme on relance le ballon rond. Non pour crier victoire, mais pour le plaisir de jouer, et de boire, malgré tout, à la victoire du camp adverse. Fêter cette formidable aventure de tenir dans ses bras, ne serait-ce qu'un moment, « *la beauté du monde et la force collective* » d'une ville : voilà ce que nous partageons avec Isabel Rebelo et que nous tentons de partager avec les « désaffiliés » et autres « déclassés » qui piétinent aux portes de la ville. Le Portugal a perdu la finale, « *car toujours le peuple espère, mais toujours il perd* ». Mais c'est peut-être dans cette défaite qu'il trouve la force de désirer, d'espérer à nouveau.

En franchissant le Tage sur un immense pont à ras des flots, passant devant le bâtiment de l'exposition universelle de 1998, je replongeais dans les photos des chars de l'armée le 25 Avril 1974 et le souvenir de ces milliers d'œillets distribués aux soldats qui venaient de libérer le pays de la dictature. Je repensais à la prise du palais gouvernemental à Belgrade, le 5 octobre 2000, et je me surpris à marmonner cette phrase qui surprit le chauffeur de taxi : « *Non, quelquefois le peuple gagne ses batailles...* » Je repris alors le chant des partisans de Vilno : « *Ne dis jamais que tu suis ton dernier chemin.* »

ÉPILOGUE

> « *Enfin commence à s'ouvrir l'immense domaine de l'art. L'art nous introduit au grand secret : c'est nous-mêmes, l'individu, les ressources créatives, qui enchantent le monde et non le mystère d'une supposée dimension surnaturelle, ou un magicien suprême, ou les dieux de l'Olympe.* »
>
> Gérard Mendel, *Une histoire de l'autorité*

Franchir les frontières, qu'elles soient nationales, sociales, urbaines. Les frontières disparaissent et renaissent sans cesse. Mais peut-on franchir celles de l'enfance ? Peut-on franchir le fleuve et aborder une autre rive, un autre espace, un autre temps, sans se perdre, s'égarer totalement ? Où sont les cartes politiques à la fois claires et sensibles, les repères symboliques forts, les différences affirmées, les singularités mises en valeur ? Célébrer la dérive, la décomposition de nos sociétés n'a plus guère de sens dans un monde de l'indifférence généralisée. Indifférence aux autres, à l'Autre, à soi. La frontière est repère, coupure, manque. Désir d'un autre rivage, illusoire mais nécessaire à sa propre survie. Et c'est bien dans les villes contemporaines, avec leurs multiples frontières, que se noue cette recherche éperdue de repères, de sociabilités, de nouvelles manières de vivre la fiction urbaine, du désir de la rencontre et de l'échange.

Au terme de cette traversée de dix villes européennes et de cinq pays se manifeste une conviction : le souffle de l'imagination, le désir et le plaisir de la création peuvent modifier, remanier, « réenchanter » une cité, même et surtout quand les situations paraissent désespérées et le monde verrouillé à jamais. Les dérèglements économiques – cette faille absolue de la mondialisation – déchirent le tissu social urbain, l'inégalité des ressources est croissante, les replis et régressions sur la sphère privée, la sécurité du *cocooning* et la haine de l'étranger sont des forces particulièrement destructrices. Mais nous témoignons aussi du fait qu'une « autre vi(ll)e » est possible et un rapport différent au monde nécessaire. Cette autre manière de « faire ville » (comme on dit « faire société ») se joue et se noue dans l'univers de l'art et de la culture, lorsqu'elle est force collective entraînante et non réduction à un groupe de « connaisseurs éclairés ».

J'ai bien conscience que ces « instantanés » saisis dans quelques villes européennes ne constituent que des indications sommaires, des approches parcellaires d'un mouvement plus général de reconquête de la ville par ses habitants. Une dynamique urbaine en accélération, une nouvelle force qui tente de faire lien, de renouer ce qui a été démembré et divisé, dans laquelle toutes les énergies créatives d'une ville sont convoquées. C'est pourquoi j'ai opté pour de brèves rencontres plutôt qu'un long film accompagnant le projet dans son déroulement, pour une écoute de la parole des animateurs et des porteurs de projets plutôt qu'une enquête d'opinion exhaustive.

Les projets découverts au détour de ces escales sont d'une extrême diversité. Non seulement celle des frontières et des pratiques administratives, mais surtout celle – sans doute moins évidente – de la place accordée ou reconnue aux projets culturels et artistiques dans le développement urbain. Quelle commune mesure entre les immenses parades urbaines de Bruxelles ou de Lyon et les « micro-ateliers » artistiques menés dans les quartiers de « défaveur » ? Quelles similitudes entre des productions vidéo « branchées » et un atelier de sculpture pour les délinquants ? Comment classer dans une même approche des artistes de la « performance sociale » et ceux qui revendiquent leur qualité d'auteur, même si leur création est le fruit d'une démarche collective ? Quel lien établir avec une agglomération de plusieurs centaines de milliers d'habitants lorsque ce projet ne concerne qu'une petite centaine de participants ? Comment diable ces projets peuvent-ils modifier l'ambiance urbaine, établir des connivences, créer de la convivialité à l'intérieur d'une cité en proie aux conflits d'intérêts, aux clivages politiques ? Comment éviter l'épidémie de la « gentrification », entamée invariablement par la présence des artistes et qui aboutit généralement au renforcement de l'exclusion que l'on prétendait combattre ? Ces projets, en somme, ne sont-ils que des pansements superficiels, strass et paillettes d'une ville en déshérence, d'une population en situation de survie, voire d'une barbarie menaçante ?

Aucun projet évoqué dans les lignes ne prétend ou ne peut prétendre « réenchanter la ville » à lui tout seul. Mais chacun d'entre eux est la promesse d'une nouvelle dimension de la ville contemporaine. Son impact n'est pas massif, il est avant tout symbolique. Et le réenchantement proposé par ces actions diverses n'est jamais un état permanent, mais un moment limité du temps des villes, de la vie des personnes. Un moment précieux, déterminant, qui engage leur vie, parfois leur destin, et marque leur mémoire. L'émotion partagée du défilé de la biennale de la danse à Lyon, après dix-huit mois d'un travail acharné, lorsqu'on se retrouve devant deux à trois cent mille personnes rassemblées... Une seule journée peut transformer le regard porté sur la ville.

Loin de s'ériger en modèle surplombant de haut la cité, ces démarches impliquent toute une participation active, un échange de paroles, dans lesquels une part plus ou moins importante de la population est engagée. En ce sens, elles constituent des forums démocratiques, des « ateliers urbains de base » qui permettent de remettre en mouvement une démocratie délibérative et de délégation en panne. En s'attachant aux plus démunis, à tous les « exclus » de la ville-monde, ils proposent une cité plus solidaire et conviviale qui, loin d'être révolutionnaire, revendique seulement une modification pragmatique de la niche écologique humaine.

Enfin l'appel à la créativité, la mobilisation des forces de l'imagination qui traverse ces projets, le lent apprentissage des mises en forme, inscrits dans des codes artistiques, est à l'image de la construction-reconstruction de la ville. Un heurt violent entre l'imaginaire et le réel. Mais cette participation créative signale une opposition irréductible à la seule consommation du monde, à la seule acquisition répétitive des biens et marchandises ou à la position de voyeur indifférent. La manifestation culturelle traditionnelle, celle du théâtre, de l'opéra, du musée, avec ses rituels, son apparat, ses codes, ses limites spatiales et temporelles, est remise en cause. Plus que la consommation distinguée d'un produit culturel dans le cadre d'un horaire contraignant ou d'un lieu consacré, le public élit des manifestations festives, lieux de rencontres et de découvertes surprenantes. Le succès des « Nuits Blanches », du Défilé de Lyon, de la *Zinneke Parade*, de « Paris-Plage », des festivals ou encore du théâtre de rue, indique un mouvement général qui modifie en profondeur le rapport à l'art et à la ville.

De nouvelles formes artistiques, qu'on dit encore « émergentes », se développent. Le hip-hop sous ses trois formes (le rap, la *break dance*, le graffiti) constitue le noyau des cultures urbaines depuis plus de vingt ans. Le *slam*, plus récent, ajoute cette note de poésie brute éloignée des cercles savants d'antan. Des ouvertures municipales donnent lieu à des approches musicales (Marseille, Lieux Publics), des boîtes de conserve se transforment en appareils photos, des lampadaires au rebut deviennent lampes de salons, une exposition d'art contemporain devient autobus sanitaire, un poste de télé œuvre d'art, un réveil-matin outil politique, et la danse surgit tout d'un coup dans la rue. Les conventions traditionnelles et les relations acteurs-spectateurs ont explosé. Elles sont désormais disséminées dans tout l'espace urbain.

Une nouvelle dimension démocratique apparaît. Car tous ces projets impliquent une production publique, risque et péril de tout acte artistique, mais également la mise en mouvement d'un processus de reconnaissance publique qui n'est, après tout, que la métaphore première d'une vie collective mise en exergue dans la Déclaration universelle des Droits de l'Homme – « égaux en droits et en dignité ». Les habitants ne veulent plus être de passifs spectateurs, des objets de consommation, objets électoraux, objets de dossiers de services sociaux. Les rituels politiques urbains ont aussi fait leur temps. Les comités de quartier ne font recette qu'en temps de crise. Les assemblées générales somnolentes sont boudées, les réunions électorales souvent désertées. Les grandes utopies collectives qui bousculaient un monde brutal et injuste se sont écroulées. La société serait dépressive, affalée devant ses écrans...

Modestement, pas à pas, des relais et réseaux renaissent au plus proche du terrain, initiatives apparemment minuscules. Au Portugal, les habitants d'un immeuble retissent, avec l'aide d'un photographe, la mémoire de la « Révolution des œillets ». Ailleurs, un quartier sort ses tables dans la rue, et toute la diversité des goûts et des saveurs se met à vibrer spontanément. Dans un quartier de Glasgow, on plante un arbre pour chaque jeune tué dans les violences quotidiennes. On réinvestit un bistrot, on inaugure un parc redessiné par ses habitants, comme à Francfort, où l'on redessine une gare de marchandises. Dans l'extrême dénuement et, le plus souvent, l'opposition des élus, cette rageuse obstination est de celles qui font chanter et enchanter le monde.

Quand les élus, les bureaucraties politiques et le corps sans fin des techniciens aura compris, et surtout admis dans leurs pratiques, que chaque ville dispose d'un réservoir infini de potentialités créatives, celui des habitants, et d'un savoir-faire, celui des artistes – et que les deux réunis provoquent cette conjonction, cette fusion des atomes urbains qui réenchantent la ville, lui donnent force, sens, cohésion –, célèbrera-t-on de nouvelles noces urbaines ? Quand les « élites » admettront que la culture ne se limite pas à la fréquentation des manifestations artistiques, mais que les cultures, les représentations, les valeurs, les manières de dire et de faire des populations urbaines dépassent largement le cadre étriqué de la culture patrimoniale ou de ce que l'on désigne comme création contemporaine, peut-être pourra-t-on enfin élargir l'horizon et ouvrir les portes de ces forces imaginaires et symboliques qui conjuguent si bien le mot diversité.

Il faut se souvenir, pour finir, que le mot *integrare*, dans son sens premier – latin –, signifie tout simplement « recréer » et non « assimiler ». Nous sommes en permanence engagés dans une démarche de recréation, de réélaboration de nos valeurs, représentations, comportements. Non seulement ceux de l'espace bâti, mais aussi des représentations nouvelles que la ville contemporaine projette au cœur de ses habitants. Et, pour en revenir à la frontière, à cette rive étrangère rêvée dans l'enfance, cette déchirure entre soi et l'autre, le semblable et le différent, le passage porte en définitive sur notre capacité à réinventer le monde et la ville dans lesquels nous vivons.

TABLE DES MATIERES

REMERCIEMENTS

Mes remerciements vont tout d'abord à la Délégation interministérielle à la Ville pour son soutien.

Je tiens également à remercier tout particulièrement l'ensemble des personnes qui m'ont aidé dans ce parcours, et notamment :

l'équipe de Banlieues d'Europe, notamment Sarah Levin, Myriam Bentoumi et Céline Roubes (www.banlieues-europe.com),

David Boyd, directeur de *Beat initiative* à Belfast (www.belfastcarnival.org),

Aleksander Brkic, acteur culturel à Belgrade (abrkic@EUnet.yu),

Isabel Rebelo, directrice de Seies à Setubal (www.seies.no.sapo.pt),

Liz Gardiner, directrice de *Fablevision* à Glasgow (www.fablevision.org),

Daniel Rottner, directeur du *Falkenheim Gallus* à Francfort (info@jkwf.de),

Guy Darmet, directeur, Xavier Phélut et Stéphanie Claudin, coordinateurs du Défilé à Lyon (www.biennale-de-lyon.org),

Giovanni Magnano, directeur du Service Périphérie, Ville de Turin (www.comune.torino.it),

Wolfgang Zinggl, directeur de *Wochenklausur* à Vienne (www.kultur.at/kunst/wk),

Jean Przyklek, photographe au Collectif Alpha à Bruxelles (www.collectif-alpha.be),

Mariska Forrest, plasticienne, directrice des Ateliers de la Banane à Bruxelles (bananeatelier@swing.be).

J. H.

Achevé d'imprimer par Corlet Numérique - 14110 Condé-sur-Noireau
N° d'Imprimeur : 30368 - Dépôt légal : mars 2006 - *Imprimé en France*